더
솥
밥

여는 글

더솥밥

이민주 지음

서사원

어연: 임금이 머무는 자리

음식을 만든다는 것은
수고스럽고,
힘들고,
번거롭지만
참으로 매력적입니다.

제가 음식을 만들고 있는 '어연'은
오래된 빌라의 볕이 환히 들지 않는 일층이지만
오붓한 방 한 칸과 자그마한 조리공간이 있고,
소박한 음식 수업이 간간이 열리는
열두 평의 작고 따뜻한 공간입니다.
제가 항상 생각하고 그리던 모습이지요.

'어연'에서 음식을 만들었던 경험을 토대로
집에서 매일 먹는 밥상에
너무 힘들이지 않고,
너무 과하지 않으며,
또 너무 진 빠지게 음식하는 것 말고,
소소하지만 맛깔난 반찬 한 가지, 국 하나 올려
따뜻한 솥밥을 준비할 수 있도록
도움을 드리고 싶었습니다.

STAUB
STAUB

우리 나라 사람은
"밥 먹었어?"
"언제 밥 한번 먹자!"
라는 말을 인사말로 쓸 정도로
밥에 대한 애정이 높고,
'밥심'을 믿는 민족이잖아요.

따뜻하게 잘 지어진 솥밥 한 그릇으로
힘들었던 하루,
속상했던 시간,
위로받고 싶은 마음을
배부르게 채우고 싶은 맘으로 글을 썼습니다.

화려하진 않지만 소박함으로 차려진 밥상.
친구를 위해, 연인을 위해, 가족을 위해,
아니면 정말 위로가 필요한 나를 위해,
한번 차려 보지 않으실래요?

차례

PART 2. 향긋한 솥밥으로 만드는 한 상 차림

PART 3. 특별한 솥밥으로 만드는 한 상 차림

○ 《더 솥밥》에 들어 있는 모든 레시피는 2인분을 기준으로 계량했습니다. 완성 사진은 연출된 이미지입니다.

○ 《더 솥밥》에서는 같이 먹었을 때 조합이 좋은 '밥-국물-반찬', '밥-반찬'과 같은 상차림을 알려드립니다. 상황에 맞게 정갈한 밥상을 차리거나 인덱스를 활용해 맛보고 싶은 요리만 선택해서 만들어도 됩니다. 차례나 완성 사진에 있는 상차림 메뉴를 확인해 보세요.

○ 조리에 필요한 식재료입니다. 간이나 양념 등은 기호에 맞게 가감해 주세요.
데치거나 삶을 때 쓰는 물은 적당량 넣으면 되므로 재료에 따로 표기하지 않았습니다.
까나리액젓이나 멸치액젓 중 아무거나 써도 될 때는 '액젓'으로 표기했습니다.

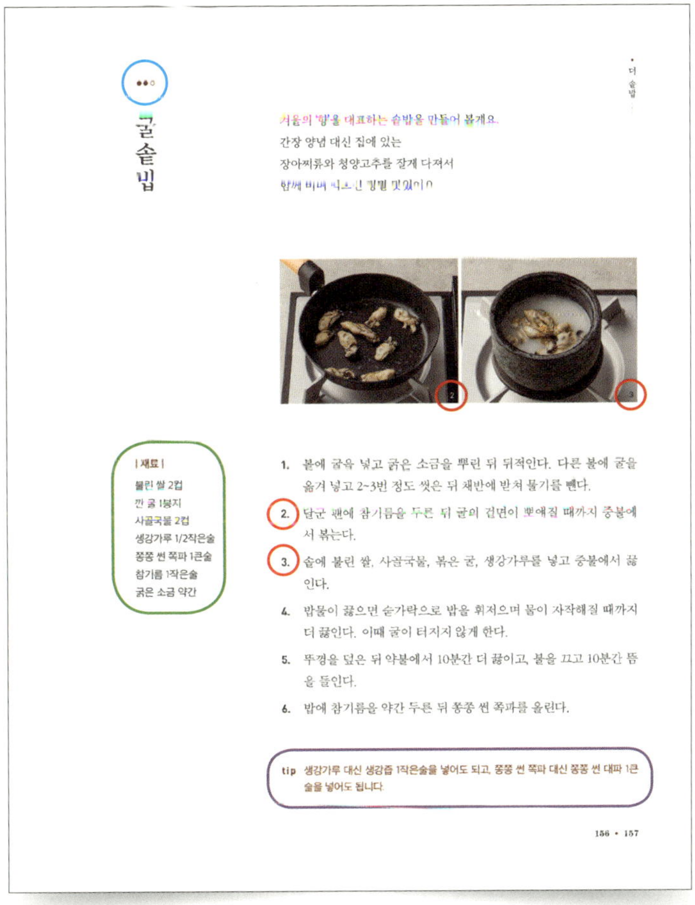

●●○

굴솥밥

• 더 솥밥

겨울의 '향'을 대표하는 솥밥을 만들어 볼게요.
간장 양념 대신 집에 있는
장아찌류와 청양고추를 잘게 다져서
함께 비벼 먹으면 정말 맛있어요.

| 재료 |
불린 쌀 2컵
깐 굴 1봉지
사골국물 2컵
생강가루 1/2작은술
쫑쫑 썬 쪽파 1큰술
참기름 1작은술
굵은 소금 약간

1. 볼에 굴을 넣고 굵은 소금을 뿌린 뒤 뒤적인다. 다른 볼에 굴을 옮겨 넣고 2~3번 정도 씻은 뒤 채반에 받쳐 물기를 뺀다.
2. 달군 팬에 참기름을 두른 뒤 굴의 겉면이 뽀얘질 때까지 중불에서 볶는다.
3. 솥에 불린 쌀, 사골국물, 볶은 굴, 생강가루를 넣고 중불에서 끓인다.
4. 밥물이 끓으면 숟가락으로 밥을 휘저으며 물이 자작해질 때까지 더 끓인다. 이때 굴이 터지지 않게 한다.
5. 뚜껑을 덮은 뒤 약불에서 10분간 더 끓이고, 불을 끄고 10분간 뜸을 들인다.
6. 밥에 참기름을 약간 두른 뒤 쫑쫑 썬 쪽파를 올린다.

tip 생강가루 대신 생강즙 1작은술을 넣어도 되고, 쫑쫑 썬 쪽파 대신 쫑쫑 썬 대파 1큰술을 넣어도 됩니다.

156 • 157

○ 메뉴명 위쪽에는 '○○●', '○●●', '●●●'로 난이도를 표시했습니다. 이 책에 담긴 모든 메뉴는 초보자를 위해 아주 쉽게 만든 것들이어서 대부분 최하 난이도를 자랑해요. 하지만 재료 손질이 까다롭거나 불 조절, 재료 넣는 타이밍이 중요한 메뉴에는 조금 더 신경 써 달라는 의미로 난이도를 다르게 설정했으니 참고해 주세요.

○ 부연 설명이 필요한 조리 과정에는 사진을 넣어 이해도를 높였어요. 조리 과정 번호와 사진 번호를 비교해 보면서 재료 손질법과 과정 흐름을 눈으로 익혀 보세요.

○ **tip**에는 조리 과정이나 재료 선택에 도움이 되는 내용이 들어 있으니 놓치지 말고 꼭 읽어 보세요.

솥 이야기

솥밥에서 솥은 가장 중요한 주방 용품이죠. 솥에는 특별히 뭐가 좋다, 뭐가 나쁘다는 기준이 없어요. 내가 잘 관리할 수 있고, 좋아하는 디자인의 솥을 사서 쓰다가 다른 것도 써 보면서 장단점을 비교해 보는 게 가장 좋아요.

다만 1인 가구라면 도자기 솥을 추천해요. 크기도 작고 관리하기도 쉽고, 솥밥 외에 계란찜, 국을 끓일 때도 아주 유용하거든요. 설거지할 때 손목에 힘이 많이 들어가지만 크고 묵직한 솥을 쓰고 싶다면 돌솥, 무쇠솥도 써 보세요. 열전도율도 좋고 빨리 식지 않아요.

돌솥

돌솥으로는 '장수곱돌'을 추천해요. 무공해 자연색으로 조선시대부터 임금님 수라상에 올릴 만큼 인정받은 돌솥이거든요. 뜨거운 음식, 찬 음식 모두 조리할 수 있고, 열이 전달될 때 돌솥 자체에서 원적외선이나 미네랄이 나와 음식의 영양과 맛을 지켜 준답니다. 무엇보다 갓 지은 돌솥밥은 특유의 구수함이 있어서 한 번 맛보면 잘 잊지 못할 거예요.

무쇠솥

무쇠솥으로는 '스타우브'를 추천해요. 무게가 묵직하고 깊은 요리 맛을 내주는 주물냄비는 열 보존성이 뛰어나 몸체 열을 골고루 전달해 음식의 맛을 끌어올려 줍니다. 내부에 코팅이 된 제품은 주방 세제로 깨끗이 씻고, 마른행주로 닦아 보관하세요. 밥을 지을 때는 나무로 된 조리 도구를 사용하면 평생 사용할 수 있답니다.

유기솥

'조선유기공방'은 정확한 합금 비율로 유기솥을 만들기 때문에 강력하게 추천하는 브랜드입니다. 유기는 항균, 살균, 부패를 방지하는 효능이 있어서 코로나19에 쓰기 적합한 그릇이 아닐까 싶어요. 요즘 어린 자녀를 둔 집에서는 일부러 유기를 쓴다는 이야기도 들은 적이 있어요. 유기솥이나 유기그릇은 세제로 설거지한 후 마른행주로 물기를 제거하면 얼룩 없이 사용할 수 있어요. 얼룩이 심하게 들었다면 '유기 전용 수세미'로 닦아 낸 후 깨끗이 헹구고 마른행주로 닦아 보관하세요. 늘 새것처럼 반짝반짝하게 빛나는 유기를 쓸 수 있답니다.

가마솥

가마솥은 열 전도율이 빨라 밥을 짓거나 찌개나 국을 끓일 때 유용한 도구입니다. 개인적으로는 옛 선조들이 사용했던 정감 가득한 물건이라 애용하고 있지요. 녹이 슬면 베이킹소다를 넣고 철 수세미로 박박 문질러 닦은 후 물기를 닦고 불에 올려 바싹 말리세요. 그리고 들기름이나 식용유를 아주 얇게 발라 도포한 후 다시 약불에 올려 구워 줍니다. 마른 행주로 닦았을 때 까만 가루가 묻어나지 않을 때까지 반복합니다. 개인적으로 지금 사용하고 있는 가마솥은 시골 장터에서 구매했습니다.

도자기솥

마켓에서 구입한 것으로 1인용 밥을 짓거나 계란찜에 아주 유용한 도기 제품입니다. 작은 용기이므로 1인용으로 적합하며 도자기로 만든 솥이라 닦기도 수월하고 열전도율도 좋아 음식의 맛도 좋습니다.

조리 도구 이야기

저는 생각보다 조리 도구를 많이 두고 사용하지 않아요. 아무래도 많이 써 보고, 많이 경험해 봤기 때문에 제 취향에 잘 맞고 쓰기 편리한 것을 알기 때문일 거예요. 인플루언서 활동으로 협찬을 받는 것도 평소 애용하던 제품들 중 하나랍니다. 여러분도 여건이 될 때마다 이것저것 사서 경험해 보고 제품들을 서로 비교해 가며 나만의 조리 도구를 찾아보세요.

프라이팬&웍

엄마들이라면 모두가 아는 해피콜! '빨간색 생선구이 팬' 하면 모두가 아, 그거?라고 말할 만큼 유명한 브랜드죠. 해피콜이 가장 편하게 쓸 수 있는 제품이어서 조리 도구로 자주 사용했는데, 2년 전부터 인플루언서로 활동하면서 본격적으로 이것저것 제품들을 써 봤어요. 비교적 부담 없는 가격이라서 이제 막 살림을 시작한 분들에게는 딱 좋은 제품이랍니다. 요즘엔 트렌디한 디자인을 겸비해서 젊은 분들도 많이 좋아하는 제품이에요.

냄비&팬

저는 냄비를 많이 두고 쓰지 않아요. 딱 국 끓이는 육수용 냄비와 라면 냄비 정도만 가지고 있어요. 오래 끓여야 하는 육수용 냄비는 '해피콜', '휘슬러', 'WMF' 제품을 애용하며, 멸치육수처럼 짧은 시간에 끓일 때 쓰는 냄비는 열전도율이 빠른 편수 냄비를 사용합니다.
팬은 큰 사이즈와 작은 사이즈 정도만 두고 쓴답니다. 주방용품이 많으면 용도별로 상황에 맞게 쓰기엔 좋을 수 있지만, 수납 정리가 잘되지 않을 때는 주방에 들어가기도 싫잖아요.
개인적으로 스테인리스 재질의 제품을 주로 사용하고 있고, 코팅 팬은 나무 조리 도구로 요리를 해서 상처가 나지 않게 사용합니다. 혹시라도 코팅 팬에 아주 약간의 흠이 생기면 바로 폐기해 버립니다.

뒤집개

계란프라이나 전, 생선을 뒤집을 때는 납작한 나무 뒤집개를 사용해요. 넓적한 부분으로 쉽게 뒤집기 편하거든요. 두꺼운 뒤집개는 뒤집는 순간 음식 모양을 망칠 수 있으니 되도록 두께가 얇은 것을 구입하세요.

주걱

제가 쓰는 주걱은 '라르마' 제품이에요. 참 특이하게 생겼죠? 주걱 안쪽에 홈이 패여 있는데, 주걱에 물을 묻히고 밥을 저으면 밥알이 덜 달라붙고 고루 섞기 좋아요.

누들 포크 세트

이것도 '라르마' 제품이에요. 포크와 뒤집개를 각각 손에 쥐고 파스타 면을 섞으면 굉장히 잘 섞인답니다. 조리 후 그릇에 담을 때는 포크로 돌돌 말아서 흘리지 않고 한 번에 옮겨 담을 수 있어요. 회오리 모양으로 플레이팅하고 싶은 분에게는 정말 추천하는 제품입니다. 저는 계란지단 만들 때도 사용해요.

롱 우드 볶음 숟가락

깊은 팬이나 웍에서 볶음 요리를 만들 때 재료가 잘 섞이도록 저어 주는 도구입니다. 손잡이가 길어서 불에 가까이 가지 않고 멀리서도 편리하게 사용할 수 있고, 재료가 밖으로 튀어나갈 염려도 없어요.

그릇 이야기

요리 좋아하는 분이라면 그릇에도 참 관심이 많지요? 저도 마찬가지랍니다. 저는 옛것의 향기가 물씬 나는 그릇을 좋아해요. 그래서 주로 장터를 돌거나 좋아하는 작가님의 전시회를 방문해서 그릇을 구매한답니다. 세트로 한꺼번에 사는 것도 좋지만 플레이팅 모습, 취향을 알아 가고 싶다면 낱개로 하나씩 구매해 보는 것도 좋아요.

나무 그릇

저는 '무인양품'이나 '키미누 작가'의 나무 그릇을 주로 사용해요. 나무 결이나 코팅 정도를 보며 식기로서 안전한지 제일 먼저 알아보고 모양이나 쓰임새에 따라 구매하는 편이에요. 단단한 정도도 중요해 금이 가거나 물에 약해 곰팡이가 슬지는 않는지, 튼튼한지 꼭 따져 봐야 해요.

지라시 스시통

제가 가지고 있는 나무통은 키친툴에서 산 거예요. 솥밥을 많이 하는 사람에게 나무통은 매우 유용해요. 고기류나 생선으로 솥밥을 할 때 솥에서 나무통으로 옮겨 골고루 섞기에 좋고, 양념한 밥을 고루 펼친 뒤 달걀 지단이나 연근 등을 올려 지라시 스시용으로 쓰기에도 적합하답니다.

도자기 그릇

도자기는 특별히 따로 구매하는 곳이 없어요. 너무 비싸지 않으면서 사용하기에 멋스럽고 음식을 담았을 때 그릇보다 음식이 돋보이는 디자인이 보이면 바로 지갑을 연답니다. 그럼에도 선호하는 제품을 꼽자면 '이정미 작가', '라기환 작가', '장훈성공방', '목련상점' 그릇들을 좋아해요.

옹기&옛날 그릇

투박하며 정감 가는 옹기는 요즘에 만들어진 것보다 세월의 흔적이 있는 옛것을 좋아하는 편이에요. 주로 '깔롱마켓'에서 사고, '징광옹기'도 선호하는 편이에요. 파스타나 샐러드를 옹기에 담으면 특별한 플레이팅을 하지 않아도 멋스러움이 생긴답니다.

유기 그릇

유기는 조선유기공방의 프리미엄 브랜드인 '우리놋'을 가장 애용해요. 3대째 대를 이어 유기 제품을 만들며 문화재 복원 사업에도 활발하게 참여하고 있는 우리놋 제품은 몇 년 전 경기도 주식회사 스타트업 때 인연이 되었어요. 유기솥을 시작으로 유기 수저까지 사용하는 중인데 임금님 수라상에 왜 유기를 사용했는지 알겠더라고요. 한식 외에 이태리 음식을 담아도 너무 잘 어울려요.

福

칼과 도마 이야기

그릇과 마찬가지로 칼과 도마는 제가 제일 좋아하고 중요하게 생각하는 조리 도구입니다. 아무 칼이나 쓰면 어떠냐고 묻는 분들이 있는데요, 오래 요리를 하다 보면 손에 쥐는 감각과 썰리는 느낌 등 나한테 맞는 걸 자꾸 찾게 되더라고요. 그래서 조금 까다롭지만 열심히 제 것을 찾아 나서는 편이랍니다.

가운데에 있는 칼은 '타다후사'의 칼이에요. 타다후사는 1600년대부터 일본 산조지방에서 3대째 수작업으로 칼을 만들어 온 대표적인 식칼 공방이에요. 산도쿠 나이프는 재료를 섬세하게 자를 수 있고, 잘리는 순간 감촉이 뛰어나며 가볍기까지 해요.
왼쪽, 오른쪽에 있는 칼은 '신인영 장인'의 칼입니다. 신인영 장인은 한국에서 가장 오래된 전통 대장간인 안성대장간의 5대 전수자로 13세 때 입문해 17세 때 최연소 대장이 되어 55년간 수작업으로 주방 칼과 농기구를 만드셨어요. 화재로 소실된 숭례문 복원 사업에 참여해서 흙집쇠 기술을 재현해 성공리에 복구를 했지요. 2016년에는 '경기도 무형문화재 60호'로 지정되었답니다. 신인영 장인의 칼은 한국 특유의 단순하면서 세련된 형태를 지니고 있고, 기능성 및 견고함 또한 가지고 있어요. 현재는 유럽과 미국에서도 구입할 수 있답니다.
신인영 장인과의 인연은 7~8년 전 이천 쌀 축제에서 시작되었어요. 그곳에서 전통 칼을 사다가 해마다 신인영 장인에게 칼을 갈아 달라 부탁하고, 한두 개씩 장인의 칼을 모은 것이 지금껏 이어지고 있네요. 그 어느 칼보다 손에 잡히는 그립감이 뛰어나고 절삭력 또한 좋아서 매일 제 손에서 떠나지 않는 데일리 칼입니다.
녹이 슬지 않고 칼날을 갈지 않아도 되는 '더호랑 아치나이프 골드'는 자체 개발하여 특허를 받은 부동태 처리 기술로 완성된 120g 전후의 가벼운 무게의 칼이에요. 칼날에는 인그레이빙(금속판에 선을 새겨 넣는 기법) 서비스를 받을 수 있어서 특별한 오브제 느낌의 조리 도구를 느낄 수 있지요. 저는 인스타그램에서 협찬으로 받아 오랫동안 사용하고 있는데요, 가볍고 편한 사용감 때문에 자꾸 손이 가는 칼이랍니다. 멋스러운 바디와 색감 덕분에 인테리어 소품처럼 부엌에 꺼내 누고 있어요.

도마는 '라르마' 거예요. 꼼꼼하고 세심하게 고른 월넛나무로 재단해 일일이 수작업으로 만든 도마예요. 칼날에 생긴 상처에 균이 생기지 않게 두세 달에 한 번씩 표면을 샌딩하고 천연오일로 마감해서 사용하고 있어요. 제가 최고로 애정하는 '최애 도마'랍니다.

수저 이야기

수집가라면 커트러리에도 관심 많으시겠죠? 저는 짝을 맞추는 것보다 다양한 재질, 디자인의 커트러리를 모아요. 수저 받침대도 마찬가지고요. 제각각 개성도 강하고, 오랫동안 사용해서 손때와 애정이 듬뿍 담긴 도구랍니다.

유기 수저

유기는 나무젓가락과 나란히 놓고 보아도 매칭이 좋아서 자주 섞어 쓰는 편이에요. 유기 관리는 다 똑같아요. 깨끗이 씻은 후 마른행주로 물기를 제거한 뒤 보관하면 됩니다.

스테인리스 수저

요즘 양식기처럼 나온 수저도 참 많아요. 머리가 동그란 게 너무 귀엽고 예쁘죠? 한식에도 잘 어울리고, 양식에도 잘 어울려서 기본 디자인으로 몇 개 구비해 놓고 있어요.

나무 수저

나무 질감을 좋아해서 자주 사용하는 수저입니다. 저는 조리할 때 조리도구로도 사용한답니다. 나무 수저도 세척 후에는 반드시 물기를 제거한 뒤 보관해야 해요.

이 책에서 쓴 양념

좋은 양념은 음식의 맛을 평범함에서 특별함으로 바꿔 놓을 수 있습니다. 이 책에서 소개하는 음식에도 쓰고, 평소 자주 쓰는 양념을 소개할게요.

맛간장&국간장

여러 요리에 두루두루 쓰는 맛간장과 국에 간을 하거나 나물에 간할 때 쓰는 국간장은 '부엉이곳간'과 '남파고택'에서 사서 쓴답니다. 부엉이곳간은 내 아이가 먹는다는 신념으로 좋은 간장을 만드는 곳이에요. 지금은 미국으로 수출하는 글로벌 간장 브랜드로 거듭났답니다. 남파고택은 제가 언급하지 않아도 요리 좀 한다는 분은 모두 알 만한 브랜드이지요. 이곳의 간장은 200년 종가의 맛 그대로를 재현하여 맑고 순하며 깊은 맛을 가진 게 장점이에요.

백간장

백간장은 색이 투명한 게 특징이에요. 무나물, 감자볶음, 달걀찜, 뭇국, 감자국 같이 색이 맑은 요리에 간을 해야 할 때 쓰면 좋은 간장이랍니다. 저는 '홍영의 대게백간장'을 사용하는데요, 예전 홈쇼핑 스타일링 인연으로 알게 된 브랜드입니다. 영덕의 사회적 기업으로 첨가물 없는 감칠맛을 느낄 수 있어요.

다시마간장

시판 간장(맛간장 제외)에 조각 다시마를 몇 장 넣어 냉장고에 보관하면 다시마간장을 만들 수 있어요. 다시마는 간장에 남아 있는 쿰쿰한 맛을 중화시켜 주어 어느 요리에든 사용하기 좋아요. 특히 단맛이 적어서 고기나 생선 요리에 넣으면 좋습니다. 다시마를 너무 많이 넣으면 간장이 끈적일 수 있으니 300ml에 조각 다시마 3~4조각 정도 넣어서 보관하세요.

맛간장
국간장
홍영의
대게백간장
남파고택
국간장

매실청&올리고당

매실청은 겉절이나 생채 등을 무칠 때 설탕 대신 새콤하고 단맛을 내기 위해 써요. 저는 튼실한 매실을 구입해 직접 청을 담그기도 하지만 간간이 '부엉이곳간'의 황매실청을 사용하기도 해요. 이곳의 매실청은 믿고 먹을 수 있는 유기농 황매실과 설탕을 쓴답니다. 더운 여름에는 얼음을 잔뜩 넣어 음료로 마시기도 해요.
올리고당은 조림이나 볶음 요리를 하고 나서 가장 마지막에 넣어 당도와 음식의 윤기를 내는 역할을 합니다. 쌀엿은 갈색 요리에 사용하면 좋아요. 예를 들어 연근조림, 콩조림 등에 넣으면 갈색빛이 짙게 돌아서 먹음직스럽게 보이죠. 올리고당은 멸치볶음이나 진미채무침을 만들 때 쓰면 좋습니다.

두반장

두반장 하면 역시 '이금기 두반장'이죠. 중국식 볶음이나 오이무침을 할 때 한 숟가락씩 넣으면 칼칼하고 맵싸한 특유의 중국 요리 맛을 느낄 수 있답니다.

현미유

요리할 때는 식용유, 포도씨유, 카놀라유와 같은 기름을 가장 많이 쓰지요. 저도 별반 다를 것 없습니다. 그런데 저는 현미유를 특히 많이 쓰는 것 같아요. 현미유는 발열점이 높아 고온 요리에 적합해요. 영양 성분이 집중된 쌀의 겉부분인 호분층과 쌀눈에서 추출한 기름은 많이 느끼하지 않고, 현미 자체의 영양과 고소한 원재료의 맛을 느낄 수 있어요. 요리에 넣으면 풍미를 높여 주기도 합니다.

유기농
황매실청
유기농
프락토
올리고당

참기름&들기름

참기름은 '두레생협' 것을 애용해요. 요즘은 어디에서 사도 맛있는 것을 고를 수 있으니 이것저것 한번 시음해 보길 바랄게요. 참기름은 주로 솥밥에 사용하는데 약불에 조리하거나 완성된 나물이나 볶음 요리에 마무리 격으로 넣어 주면 좋아요.
들기름은 직접 짜 먹지만 시판용으로 따지자면 '방유당'이나 '부량수' 들기름을 사서 먹습니다. 들기름은 두부를 굽거나 김치를 볶는 등 조리 온도가 높을 때도 사용할 수 있어요.
고추기름은 꼼꼼하게 재료를 선택해 만드는 '미감푸드' 제품을 사요. 월요일, 화요일에만 판매 사이트를 오픈하니 참고하세요.

소주&레몬소주

찜 요리를 할 때 찜기 밑에 물 대신 소주를 부어 보세요. 소주의 알코올 냄새가 육류나 해산물의 잡내를 없애 준답니다. 또는 고기육수를 만들기 전 고기를 애벌로 한 번 데쳐 낼 때 1컵(180ml) 정도 소주를 넣어 데쳐 헹군 다음에 육수를 내면 고기의 누린내를 제거할 수 있어요.

백화수복

백화수복은 해산물 특유의 비린내와 고기의 누린내를 중화시켜 줘요. 백화수복이 없으면 청주, 예다함, 청하 등으로 대체해서 쓰면 된답니다. 생선이나 고기 요리를 할 때는 꼭 청주를 넣고 조리해 보세요.

미림

미림은 요리 술로써 해산물 비린내를 중화시키는 데 사용해요. 단맛이 강하기 때문에 장어 요리나 일본식 요리에 사용하면 감칠맛을 낼 수 있답니다.

현미유
참기름
고추맛기름

SINCE 1945
백화수복
미림
眞露
진로
ZINRO SOJU

토장&달래된장

달래를 깨끗하게 씻어 쫑쫑 썬 후 시판용 된장 한 통에 넣어 섞고 열흘간 숙성시킨 뒤 된장찌개나 된장 무침, 쌈장 등을 만들어 드셔 보세요. 향긋한 달래 향과 구수한 된장의 궁합이 아주 좋답니다.

고추장&마늘고추장

시판용 고추장에 통마늘을 깨끗하게 씻은 후 얇게 편으로 썰어 섞어 넣고 열흘 후 고추장볶음이나 탕, 무침에 넣어 보세요. 마늘의 알싸함을 느낄 수 있고, 고추장의 단맛은 줄이고 감칠맛은 높여 주기 때문에 한층 요리의 맛이 풍부해진답니다.

소금&고춧가루

요리용 소금은 '플뢰르드셀'이라는 프랑스 게랑드 소금을 주로 사용해요. 소금 특유의 씁쓸한 맛이 적고 부드러운 맛이 좋더라고요. 스테이크를 찍어 먹는 소금으로는 첫맛은 짭짤하지만 끝맛은 단 말돈 소금을 사용해요. 굵은 소금은 함초 소금이나 신안 천일염을 구비해 놓고 두루두루 여러 요리에 넣어 먹는답니다.
맛있는 고춧가루 하나면 음식의 퀄리티가 달라지는 거 다들 아시죠? 저는 전라도에 직접 농사짓는 친척 어르신의 태양초 고춧가루를 사용하는데요, 없을 때는 '대덕상회'에서 판매하는 고춧가루를 사서 씁니다.

토장
태양초
태양초

통후추&흑후추

통후추는 고기를 삶을 때 넣으면 좋기 때문에 항상 가지고 있는 재료입니다. 통후추를 살짝 볶으면 후추 본연의 알싸함이 올라와서 메추리알조림처럼 비린내가 나는 음식에 넣으면 그 맛을 중화시킬 수 있어요. 통후추는 그라인더에 넣고 곱게 갈아서 쓰세요.

흑후추는 고기를 재울 때나 볶음 요리에 쓰면 좋아요. 생선 요리에 넣어도 맛을 한층 풍부하게 해 준답니다.

검은깨&참깨

요즘 국산 깨를 찾기 너무 힘들죠? 저는 '두레생협'이나 '한살림' 같은 유기농 제품을 주로 사용해요. 믿고 먹을 수 있는 음식이 우리 몸에도 좋은 거 아니겠어요?

생강가루

생선 요리에는 꼭 사용하는 가루입니다. 생강가루도 유기농으로 인증된 '두레생협'이나 '한살림' 같은 곳에서 구입해서 써요. 참고로 꼭 냉동실에 보관하셔야 오래 쓸 수 있어요. 생강가루가 없을 때는 생강즙, 생강청을 대신 넣어도 아주 좋아요.

볶은 통참깨
PURE GROUND
Black Pepper

계량 방법

계량컵, 계량스푼이 있으면 계량하기가 참 용이하지요. 그런데 모든 조리 도구를 집에 들이긴 어렵잖아요. 밥 먹을 때 쓰는 어른용 숟가락과 티스푼으로 간단하게 계량하는 방법을 알려 드릴게요.

1. 가루류 큰술
2. 가루류 작은술
3. 쫑쫑 썬 대파 큰술
4. 쫑쫑 썬 쪽파 큰술
5. 다진 마늘 큰술
6. 장류 큰술
7. 장류 작은술
8. 액체 큰술
9. 액체 작은술

눈금이 그려진 계량컵 대신에 종이컵으로 계량하는 방법을 알려 드릴게요. 이 책에서 쓰인 종이컵의 용량은 약 180ml입니다.

10. 고체 계량

고체는 종이컵의 끝이 말려진 곳에서 약간 못 미칠 정도로 따르면 됩니다.

11. 액체 계량

액체는 고체를 계량할 때보다 종이컵의 끝이 말려진 곳에서 약간 더 못 미칠 정도로 따르면 됩니다.

3
4
1
5
2
6
7
8
9

재료 손질

이건 어떻게 써는 거지? 이 책에서 가장 많이 사용하고 평소에도 자주 사용하는 재료 손질 방법을 알려 드릴게요.

1. 반달썰기

반달썰기는 반달 모양으로 써는 방법이에요. 주로 애호박, 가지, 당근 등 길쭉한 채소를 썰 때 많이 사용해요. 둥근 양파는 반으로 자른 뒤 반달썰기하세요.
볶음을 할 때는 얇거나 적당하게 썰고, 국물에 넣을 때는 약간 두껍게 썰어도 좋아요.

2. 편썰기

편썰기는 주로 마늘을 썰 때 쓰는 방법이에요. 얇게 저미듯 썬다고 생각하면 됩니다.

3. 결대로 찢기

느타리버섯처럼 칼이 잘 들지 않는 식재료는 결대로 찢는 게 가장 좋아요.

4. 은행잎 썰기

썰어 놓은 형태가 은행잎 같다 하여 붙여진 이름이에요. 반달썰기에서 한 번 더 자르면 됩니다.

5. 깍둑썰기

깍두기처럼 네모 반듯하게 써는 방법입니다. 찌개, 국, 탕에 들어가는 채소에 많이 씁니다.

6. 쫑쫑 썰기

고추, 대파, 쪽파, 부추 등 고명으로 올라가는 채소를 써는 방법입니다. 쫑쫑 썰기, 송송 썰기는 비슷하게 써는데요, 송송보다 쫑쫑이 더 잘게 써는 형태입니다.

7. 다지기

칼로 마늘, 고추, 쪽파 등을 잘게 다져서 요리에 넣습니다.

8. 어슷썰기

대파, 고추, 오이 등 긴 타원형의 채소를 비스듬하게 써는 방법입니다.

9. 채썰기

오이, 당근, 무 등 볶음류를 하거나 고명을 쓸 때 많이 사용하는 썰기 방법입니다.

1
2
3
5
6
4
8
9
7

고기육수

떡국이나 부대찌개, 생선 솥밥 등에 활용하기 좋은 쏠쏠하고 든든한 육수입니다.

| 재료 |

양지or사태 300g
물 3L
소주 1/2컵

| 육수 |

무 1/4개
대파 1대
통마늘 5~6개
통후추 1큰술

1. 찬물에 1시간 정도 양지 또는 사태를 담궈 핏물을 뺀다. 중간에 한두 번 정도 핏물을 버리고 새로 물을 채운다.
2. 냄비에 핏물 뺀 양지 또는 사태를 넣는다. 고기가 잠길 만큼 찬물을 넣어 강불에서 끓인다. 부르르 거품이 일어나면 소주를 넣고 1~2분 정도 더 끓인다.
3. 냄비에서 양지, 사태를 꺼내 깨끗하게 씻은 뒤 새 냄비에 물, 육수 재료를 넣고 강불에서 끓인다. 육수가 끓으면 약불로 줄여 1시간 정도 뭉근하게 끓여 준다.
4. 불을 끄고 미지근하게 육수를 식힌 뒤 거름종이로 육수를 거른다.

tip 육수를 끓이고 남은 무는 양념을 넣어 졸이거나 소고기뭇국을 만들 때 써도 됩니다.

멸치육수

잔치국수, 된장국, 된장찌개 등 한식에는 없어선 안될 만능 육수입니다.

| 재료 |

국물용 멸치 15마리(약 2줌)
북어 대가리 2~3개
물 3L

| 육수 |

대파 1대
다시마 1장
고추씨 1큰술

1. 토치로 국물용 멸치와 북어 대가리를 앞뒤로 그을린다. 토치가 없다면 국물용 멸치를 마른 팬에 살짝 김 나게 볶는다.
2. 냄비에 국물용 멸치, 북어 대가리, 물, 육수 재료를 넣고 강불에 끓인다.
3. 물이 끓으면 다시마는 건져 내고 중불에서 15분 정도 더 끓인다.
4. 불을 끄고 미지근하게 육수를 식힌 뒤 거름종이로 육수를 거른다.

tip 고기육수와 멸치육수를 반반 섞어 요리에 사용하면 훨씬 풍부한 맛을 낼 수 있습니다.

표고버섯육수

된장국이나 버섯밥을 지을 때 간단히 국수를 먹을 때도 버섯육수는 요긴하게 쓰여요.

2

3

| 재료 |

건 표고버섯 or
건 송화버섯 6~7개
물 2L

1. 건 표고버섯을 깨끗하게 물에 씻는다.
2. 냄비에 물과 건 표고버섯을 넣고 30분 정도 불린다.
3. 불린 물을 버리지 않고 그대로 강불에서 10분 정도 끓인다.

tip 생 표고버섯이나 생 송화버섯으로 육수를 낸다면 10개 정도 준비한 뒤 버섯 기둥은 손으로 돌려 떼고 잘게 찢어 버섯 갓과 함께 미지근한 물에 1시간 정도 불리세요. 불린 물을 버리지 않고 그대로 강불에 10분 정도 끓인 후 사용하세요.
익힌 버섯 갓은 채썰어 밥이나 찌개, 볶음류에 사용하세요.

장아찌 간장

장아찌를 만들 때 가장 기본이 되는 '장아찌용 간장'을 만들어 보겠습니다. 맛간장처럼 쓸 수도 있으나 유통기한이 짧아요. 꼭 냉장 보관을 해야 하고, 한 달 후에는 아깝더라도 버리는 게 좋습니다.

1

| 재료 |

설탕 2컵
고추씨 1컵
물 1컵
청주 1컵
간장 3컵
현미식초 2컵

1. 모든 재료를 냄비에 넣고 강불에서 끓인다.
2. 끓인 간장을 장아찌 재료에 붓고 실온에서 식힌다.
3. 냉장고에 넣어 2~3일 동안 숙성시킨 뒤 먹는다.

PART 1.

솥밥은 어려운 요리가 아니에요.
한 번만 잘 따라 하면 다음부터는 혼자서도 척척 솥밥을 지을 수 있답니다.
백미부터 콩, 구황 작물 등 다루기 쉬운 재료만을 이용한 아주 쉬운 레시피를 알려드릴게요.
솥밥과 잘 어울리는 국과 반찬도 더했으니 나를 위한 기본 한 상 차림을 만들어 보세요.

기본 솥밥으로 만드는 한상 차림

SOTBAB

백미 솥밥

모든 솥밥의 기본인 백미 솥밥을 만들어 보겠습니다.
솥으로 갓 지어 낸 쌀밥은 윤기가 흐르고,
쌀의 풍미를 느낄 수 있어요.

| 재료 |

쌀 2컵
물 2컵

1. 깨끗이 씻은 쌀을 30분간 불린다.
2. 솥에 불린 쌀과 물을 넣고 중불에서 끓인다. 이때 뚜껑을 열어 놓고 끓여도 되고 닫고 끓여도 된다.
3. 밥물이 끓으면 숟가락으로 밥을 휘저으며 물이 자작해질 때까지 끓인다.
4. 뚜껑을 덮은 뒤 약불에서 10분간 더 끓인다.
5. 불을 끄고 10분간 뜸을 들인다.

tip 쌀은 기본 30분 이상 불려야 해요.
밥을 전부 퍼내지 않고 조금 남긴 뒤 뚜껑을 덮고 약불에서 10분간 더 익히면 누룽지를 만들 수 있어요.

장터국

찬 바람 불기 시작하는 가을이나
추운 겨울에 딱 어울리는 장터국이에요.
국에 밥 한 공기 후루룩 말아서 먹으면
허전했던 배 속도 든든해집니다.

| 재료 |

알배추 1/2통
느타리버섯 1/2팩
멸치육수 2L
달래된장 1+1/2큰술
고춧가루 1/2큰술
쫑쫑 썬 대파 1큰술
청양고추 1개
다진 마늘 1큰술

1. 알배추 뿌리를 칼로 자른다.
2. 알배추 이파리를 한 장씩 떼고 3~4cm 길이로 썬다.
3. 냄비에 멸치육수를 넣고 달래된장과 고춧가루를 푼 뒤 강불에서 끓인다.
4. 멸치육수가 끓으면 자른 알배추를 넣고, 중불에서 15분간 더 끓인다.
5. 느타리버섯, 쫑쫑 썬 대파와 청양고추, 다진 마늘을 넣고 중불에서 한소끔 끓인다.

tip 매운맛을 싫어하면 청양고추는 빼도 됩니다.
간이 싱거우면 액젓이나 국간장을 약간 더 넣으세요.

가지무침

밥반찬으로 제격인 가지무침이에요.
가지를 구워서 쓰기 때문에
쫄신한 식감을 그대로 느낄 수 있어요.

2

3

| 재료 |

가지 2개
쫑쫑 썬 쪽파 약간
통깨 약간

양념

다진 마늘 1/2큰술
다진 홍고추 1큰술
액젓 1큰술
국간장 1큰술
참기름 1큰술
물엿 1큰술

1. 가지의 꼭지를 자른다. 몸통은 세로로 한 번 자른 뒤 먹기 좋게 3등분으로 썬다.
2. 기름 없이 달군 팬에 가지를 넣고 중불에서 앞뒤로 노릇하게 굽는다.
3. 구운 가지를 손으로 찢거나 칼로 길게 4등분으로 썬다.
4. 볼에 양념을 넣고 잘 섞은 뒤 구운 가지를 넣고 무친다.
5. 쫑쫑 썬 쪽파를 올리고 통깨를 뿌린다.

tip 홍고추를 다질 때는 씨를 빼고 다지세요.
칼칼한 맛을 내고 싶다면 고춧가루 1큰술, 다진 청양고추 1큰술을 추가하세요.

| 귀리솥밥 · 조개된장찌개 · 풋마늘고추장무침 |

귀리솥밥

포만감도 오래 가고, 노폐물 배출에 탁월하여
다이어트에 좋은 귀리솥밥을 만들어 볼게요.
귀리는 씹는 식감이 좋아서
소량만 넣어도 밥이 맛있어진답니다.

1

| 재료 |

불린 쌀 1컵
불린 귀리 1컵
물 2컵

1. 솥에 1시간 동안 불린 귀리와 쌀, 물을 넣고 중불에서 끓인다.
2. 밥물이 끓으면 숟가락으로 밥을 휘저으며 물이 자작해질 때까지 끓인다.
3. 뚜껑을 덮은 뒤 약불에서 10분간 더 끓인다.
4. 불을 끄고 10분간 뜸을 들인다.

tip 시중에 전처리해 불리지 않고 바로 지을 수 있는 귀리를 판매하니 구매해서 쓰면 좋아요.

| 귀리솥밥 · 조개된장찌개 · 풋마늘고추장무침 |

조개된장찌개

입맛이 없을 땐 짭조름한 찌개가 제격이지요.
된장국에 쫄깃한 조갯살을 넣어 보세요.
집 나간 입맛도 다시 돌아온답니다

1

3

| 재료 |

모시조개 1봉
두부 1/2모
애호박 1/3개
감자 1개
양파 1/2개
멸치육수 3컵
청양고추 2개
어슷썬 대파 1큰술

양념

고춧가루 1큰술
다진 마늘 1큰술
된장 2큰술

1. 흐르는 물에 모시조개를 깨끗하게 씻는다.
2. 두부는 깍둑썰기, 감자와 양파는 편썰기, 애호박은 은행잎 썰기 한다.
3. 냄비에 멸치육수, 양념, 모시조개, 애호박, 감자, 양파, 두부를 넣고 강불에서 5~10분간 끓인다.
4. 애호박과 감자가 익으면 어슷썬 대파와 쫑쫑 썬 청양고추를 넣어 한소끔 끓인다.

| 귀리솥밥 · 조개된장찌개 · 풋마늘고추장무침 |

풋마늘고추장무침

겨우내 먹었던 저장 반찬에 질렸다면
초봄에는 새콤하고 아삭아삭한 무침을 해 보세요.
쉽게 만들 수 있는 반찬이고 맛도 좋아서 자꾸 손이 갈 거예요.

1

4

| 재료 |

풋마늘 줄기 5대
소금 1큰술
참기름 1큰술
통깨 약간

양념

고춧가루 1큰술
고추장 1큰술
간장 1큰술
현미식초 1큰술
설탕 1큰술

1. 풋마늘 줄기를 깨끗이 씻고, 노란 잎은 가위로 자른다. 흰 부분은 반으로 자르고, 초록색 부분은 3~4cm 길이로 자른다.
2. 냄비에 물과 소금을 넣고 강불에서 끓인다.
3. 물이 끓으면 풋마늘의 흰 부분을 넣고 15초간 데친다.
4. 이어서 초록색 부분을 넣고 10초 정도 데친 뒤 찬물에 헹구고 물기를 꼭 짠다.
5. 볼에 데친 풋마늘과 양념을 넣고 섞은 뒤 참기름과 통깨를 뿌린다.

tip 간장 대신 백간장 1큰술을 넣어도 됩니다.

| 보리솥밥 · 차돌박이강된장 · 부추겉절이 |

보리솥밥

보리솥밥은 열무김치나 강된장을 넣고
비벼 먹으면 꿀맛이지요.
익는 시간도 줄고 소화도 잘되는
보리솥밥을 만들어 먹는 게 어떨까요?

1

| 재료 |

불린 쌀 1컵
불린 보리 1컵
물 2컵

1. 솥에 불린 쌀과 보리를 넣고, 중불에서 끓인다.
2. 밥물이 끓으면 숟가락으로 밥을 휘저으며 물이 자작해질 때까지 끓인다.
3. 뚜껑을 덮은 뒤 약불에서 10분간 더 끓인다.
4. 불을 끄고 10분간 뜸을 들인다.

tip 생보리는 몇 시간 동안 불려야 해서 번거로울 수 있어요. 이럴 땐 전처리한 불린 보리를 쓰는 게 편리하답니다. 불린 보리는 전기밥솥에 바로 넣어 밥을 해도 됩니다.

| 보리솥밥 · 차돌박이강된장 · 부추겉절이 |

차돌박이강된장

보리솥밥에 가장 잘 어울리는 짝꿍, 강된장을 만들어 볼게요.
청양고추를 넣어 차돌박이의 느끼함도 잡고 감칠맛을 더하세요.

1

3

| 재료 |

차돌박이 100g
감자 1개
부침용 두부 1/2모
애호박 1/4개
양파 1/2개
표고버섯 2개
멸치육수 2컵
청양고추 2개
대파 1/3개
참기름 1큰술
쫑쫑 썬 쪽파

양념

고춧가루 2큰술
달래된장 3큰술
다진 마늘 1큰술

1. 달군 솥에 잘게 썬 차돌박이를 넣고 중불에서 살짝 볶은 뒤 작게 깍둑썰기한 감자를 넣고 참기름을 두른 뒤 1~2분간 볶는다.
2. 멸치육수, 깍둑썰기한 부침용 두부, 양념을 넣고 중불에서 10분간 끓인다.
3. 작게 깍둑썰기한 애호박과 양파를 넣고 한소끔 끓인다.
4. 작게 썬 표고버섯, 쫑쫑 썬 청양고추와 대파를 넣고 한소끔 끓인 후 불을 끈다.
5. 쫑쫑 썬 쪽파를 올린다.

부추겉절이

부추겉절이는 고기와 궁합이 좋은 한식 샐러드라고 생각해요.
전, 튀김처럼 기름을 많이 쓰는 음식에 곁들어 먹으면 참 좋아요.

2

3

| 재료 |

영양부추 1봉(100g)
양파 1/4개
통깨 약간

양념

설탕 1큰술
고춧가루 1큰술
액젓 1큰술
참기름 1/2큰술

1. 영양부추를 1~2분간 물에 넣었다가 건져 내 깨끗하게 씻고 채반에 받쳐 물기를 뺀다.
2. 영양부추를 4cm 길이로 썰고 양파는 채썰기한다.
3. 볼에 영양부추, 양파를 넣고 양념을 하나씩 넣으며 젓가락으로 살살 섞은 뒤 통깨를 뿌린다.

tip 양파를 물에 담궈 매운맛을 빼고 사용해도 좋아요.
설탕 대신 매실액 1큰술을 넣어도 됩니다.

| 현미솥밥 · 시금치된장국 · 무 생채 |

현미솥밥

현미는 체중 감량에 도움이 되고
혈관 장애 개선을 돕는 기특한 곡식이에요.
소화가 잘되게 쌀과 섞어서 윤기 자르르 흐르는
솥밥을 만들어 보세요.

1

| 재료 |

불린 쌀 1컵
불린 현미 1컵
물 2컵

1. 솥에 불린 현미와 쌀, 물을 넣고 중불에서 끓인다.
2. 밥물이 끓으면 숟가락으로 밥을 휘저으며 물이 자작해질 때까지 끓인다.
3. 뚜껑을 덮은 뒤 약불에서 10분간 더 끓인다.
4. 불을 끄고 10분간 뜸을 들인다.

tip 불릴 필요 없이 바로 지을 수 있게 전처리한 현미를 구입해서 쓰면 좋아요.

| 현미솥밥 · 시금치된장국 · 무생채 |

시금치된장국

사계절 언제나 즐겨 먹을 수 있는 국이라면
역시 된장국 아니겠어요? 여기에 비타민, 철분 등이 가득한
시금치를 넣은 시금치된장국을 만들어 보겠습니다.

1

4

| 재료 |

시금치 1단
멸치육수 1.5L
된장 2큰술
다진 마늘 1큰술
대파 1/2대
청양고추 1개
홍고추 1개

1. 시금치 뿌리를 칼로 긁어 흙을 털어 낸 뒤 십자 모양(+)으로 칼집을 내고 손으로 찢는다.
2. 시금치를 흐르는 물에 2~3번 씻은 뒤 채반에 받쳐 물기를 뺀다.
3. 냄비에 멸치육수를 넣고 된장을 푼 뒤 다진 마늘을 넣고 강불에서 끓인다.
4. 멸치육수가 끓으면 시금치를 넣고 10분간 끓인다.
5. 어슷썬 대파와 쫑쫑 썬 청양고추, 홍고추를 넣고 한소끔 끓인다.

무생채

밥에 고추장 한 숟갈 넣고 비벼 먹으면
꿀맛 보장인 반찬, 무생채를 만들어 볼게요.
심심한 듯 자극적이지 않은 맛이라서
된장국과도 잘 어울린답니다.

2

| 재료 |

작은 무 1/2개
소금 1큰술
설탕 1큰술
식초 1큰술
참기름 약간
통깨 약간
쫑쫑 썬 쪽파 약간

양념

고춧가루 1큰술
액젓 1큰술
설탕 1큰술
다진 마늘 1큰술

1. 볼에 채썬 무와 소금, 설탕, 식초를 넣고 10분간 절인 뒤 손으로 물기를 꼭 짠다.
2. 볼에 절인 무와 고춧가루를 넣고 버무린다.
3. 나머지 양념을 모두 넣고 버무린다.
4. 참기름을 두른 뒤 쪽파를 올리고 통깨를 뿌린다.

tip 무 대신 단감을 채썰어 만들어도 됩니다. 이때 설탕은 1/2큰술만 넣으세요.

| 검은콩솥밥 · 감자고추장찌개 · 시금치나물 |

검은콩솥밥

항암 효과, 시력 회복에 탁월한 블랙 푸드의 대표 주자인
검은콩으로 솥밥을 만들어 볼게요.
콩의 향긋한 향기를 배로 느낄 수 있을 거예요.

1

| 재료 |

쌀 2컵
검은콩 1/2컵
물 2컵

1. 깨끗이 씻은 검은콩과 쌀을 30분간 불린다. 이때 콩을 불린 물은 밥을 지을 때 써야 하니 버리지 않는다.
2. 솥에 불린 쌀과 콩, 물을 넣고 중불에서 끓인다.
3. 밥물이 끓으면 숟가락으로 밥을 휘저으며 물이 자작해질 때까지 끓인다.
4. 뚜껑을 덮은 뒤 약불에서 10분간 더 끓인다.
5. 불을 끄고 10분간 뜸을 들인다.

| 검은콩솥밥 · 감자고추장찌개 · 시금치나물 |

감자고추장찌개

오늘 든든한 한 끼 식사로
감자를 넣은 칼칼한 감자고추장찌개 어떠세요?
국물이 사르륵 배인 포슬포슬한 감자.
생각만 해도 군침이 도네요.

| 재료 |

목살 200g
감자 2개
애호박 1/4개
양파 1/2개
쫑쫑 썬 대파 1큰술
청양고추 2개
식용유 1큰술

양념

고춧가루 2큰술
고추장 2큰술
된장 1작은술
다진 마늘 1큰술
멸치액젓 2큰술

밑간

정종 1큰술
생강가루 1작은술
후춧가루 약간

1. 먹기 좋게 자른 목살에 밑간을 한 뒤 10분간 재운다. 감자, 애호박, 양파를 깍둑썰기한다.
2. 달군 냄비에 식용유를 두른 뒤 목살을 넣고 색이 불투명해질 때까지 중불에서 볶는다.
3. 감자를 넣고 1~2분간 더 볶는다.
4. 재료가 푹 잠길 정도로 물을 넣고 거품은 걷어 내며 강불에서 5분간 끓인다.
5. 양념, 애호박, 양파를 넣고 강불에서 10~15분간 더 끓인다.
6. 쫑쫑 썬 대파와 청양고추를 넣고 한소끔 더 끓인다.

tip 간이 싱거우면 멸치액젓을 약간 더 넣으세요.
밀간할 때 생강가루 대신 생강즙 1작은술을 넣어도 됩니다.

| 검은콩솥밥 · 감자고추장찌개 · 시금치나물 |

시금치나물

고추장찌개의 강한 맛을 중화시켜 줄 반찬으로는
삼삼한 나물이 제격이지요.
시금치는 겨울 시금치가 가장 달고 맛이 좋답니다.

1

2

| 재료 |

시금치 1단
굵은 소금 1큰술

양념

통깨 1큰술
다진 마늘 1큰술
참기름 1큰술
국간장 1큰술

1. 시금치 뿌리를 칼로 긁어 흙을 털어 낸 뒤 십자모양(+)으로 칼집을 내고 손으로 찢는다.
2. 끓는 물에 굵은 소금과 시금치를 넣고 30~40초간 살짝 데친다.
3. 시금치를 건져 찬물에 헹군 뒤 손으로 물기를 짠다.
4. 볼에 양념과 데친 시금치를 넣고 무친다.

tip 국간장 대신 백간장 1큰술이나 까나리액젓 1큰술을 넣어도 됩니다.
쫑쫑 썬 대파 1큰술을 추가해도 좋아요.

| 완두콩솥밥 · 순두부찌개 · 콩나물무침 |

완두콩솥밥

완두콩은 단백질이 풍부해
훌륭한 다이어트 식품이에요.
완두콩에는 변비를 억제하는 효능이 있어
노약자가 먹기에 좋은 건강한 밥입니다.

1

| 재료 |

불린 쌀 2컵
완두콩 1/2컵
물 2컵

1. 솥에 불린 쌀을 넣고 그 위에 완두콩을 올린 뒤 중불에서 끓인다.
2. 밥물이 끓으면 숟가락으로 밥을 휘저으며 물이 자작해질 때까지 끓인다.
3. 뚜껑을 덮은 뒤 약불에서 10분간 더 끓인다.
4. 불을 끄고 10분간 뜸을 들인다.

| 완두콩솥밥 · 순두부찌개 · 콩나물무침 |

순두부찌개

추운 날 매콤하고 뜨거운 순두부를 떠먹는 맛이란
그야말로 일품이지요.
청양고추도 넣고, 고춧가루도 팍팍 뿌려
칼칼한 찌개를 만들어 볼게요.

| 재료 |

순두부 1봉
다진 돼지고기 100g
애호박 1/4개
양파 1/2개
대파 1/2개
청양고추 2개
멸치육수 1L
고춧가루 2큰술
새우젓 1큰술
멸치액젓 1큰술
다진 마늘 1큰술
고추기름 1큰술
참기름 1큰술
식용유 1큰술

1. 달군 솥에 식용유를 두른 뒤 다진 돼지고기를 넣고 고기가 하얗게 익을 때까지 중불에서 볶는다.
2. 참기름을 두른 뒤 고춧가루를 넣고 1~2분간 더 볶는다.
3. 멸치육수를 붓고 반달썰기한 애호박과 먹기 좋게 자른 양파를 넣고 채소가 익을 때까지 끓인다.
4. 새우젓, 멸치액젓, 다진 마늘, 고추기름을 넣고 한소끔 더 끓인다.
5. 일정하게 자르거나 숟가락으로 툭툭 자른 순두부와 쫑쫑 썬 청양고추, 어슷썬 대파를 넣고 한소끔 더 끓인다.

tip 고추기름은 취향에 따라 1~2큰술로 가감해 주세요. 고추기름이 없으면 내열 용기에 고춧가루 2큰술, 식용유 3큰술을 넣고 전자렌지에 10초씩 끊어 가며 돌리세요.

콩나물무침

살캉살캉한 콩나물은 국에 넣어도 맛있고 무침이나
볶음 요리에도 잘 어울리는 효자 재료이지요.
콩나물국을 하고 남은 것으로 고소한 무침을 만들어 보세요.

| 재료 |

콩나물 1봉지(200g)
쫑쫑 썬 쪽파 1큰술
참기름 1큰술
소금 1큰술
통깨 약간

양념

다진 마늘 1큰술
액젓 1큰술

1. 끓는 물에 소금과 콩나물을 넣고 뚜껑을 연 채 3분간 데친다.
2. 콩나물을 건져 내고 찬물에 헹군다. 채반에 받쳐 물기를 뺀다.
3. 볼에 데친 콩나물과 양념을 넣고 살살 무친다.
4. 참기름을 두른 뒤 쫑쫑 썬 쪽파를 올리고 통깨를 뿌린다.

tip 칼칼한 맛을 내고 싶다면 고춧가루 1큰술을 추가하세요.
액젓 대신 백간장 1큰술을 넣어도 됩니다.

| 호랑이콩솥밥 · 방시내파육개장 · 감자채볶음 |

호랑이콩솥밥

달큰한 밤 맛과 비슷한 호랑이콩은 뼈를 튼튼하게 해 주고 장 건강에도 좋으며 면역력에도 탁월한 건강 지킴이에요. 몸에 좋은 호랑이콩으로 맛있는 솥밥을 지어 봐요.

1

| 재료 |

불린 쌀 2컵
호랑이콩 2큰술
물 2컵

1. 솥에 불린 쌀을 넣고 그 위에 깨끗이 씻은 호랑이콩을 올린 뒤 중불에서 끓인다.
2. 밥물이 끓으면 숟가락으로 밥을 휘저으며 물이 자작해질 때까지 끓인다.
3. 뚜껑을 덮은 뒤 약불에서 10분간 더 끓인다.
4. 불을 끄고 10분간 뜸을 들인다.

| 호랑이콩솥밥 · 양지대파육개장 · 감자채볶음 |

양지대파육개장

육개장은 복잡하고 번거로운 국이라고
생각하는 분들이 많아요.
하지만 막상 끓여 보면 어렵지 않아요.
조리는 간편하지만 맛은 월등한 육개장을 만들어 볼게요.

2

4

| 재료 |

양지 200g
고기육수 2L
대파 2대
삶은 고사리 100g
느타리버섯 1/2팩
숙주 1/2봉
굵은 소금 1큰술

양념

고춧가루 3큰술
다진 마늘 1큰술
국간장 1큰술
액젓 1큰술
고추기름 2큰술
참기름 1큰술

1. 54쪽을 참고해 고기육수를 만든다. 익힌 양지는 식힌 뒤 잘게 찢는다.
2. 대파는 반으로 가른 뒤 손가락 길이로 자른다.
3. 끓는 물에 대파, 느타리버섯, 숙주, 굵은 소금을 넣고 살짝 데친다.
4. 큰 볼에 양지, 데친 채소, 삶은 고사리, 양념을 넣고 조물조물 무친다.
5. 냄비에 양념한 양지와 채소, 고기육수를 모두 넣어 중불에서 30분 이상 끓인다.

tip 말린 고사리는 쌀뜨물에 한두 시간 불린 후 그대로 강불에 30분간 삶고 식힌 다음 5~6번 깨끗이 씻어서 사용해야 합니다.
간이 싱거우면 국간장을 약간 더 넣으세요.

●○○

감자채볶음

감자채에 고소한 들기름을 넣어 볶으면
천국의 맛이 따로 없어요.
깨도 솔솔 뿌려서 고소함을 한층 더 끌어올려 볼게요.

2

3

| 재료 |

감자 2개
식용유 1큰술
들기름 1큰술
굵은 소금 1/2큰술
검은깨 약간

1. 감자를 채썬 뒤 물에 2~3번 정도 씻는다.
2. 볼에 감자가 잠길 정도로 물을 넣고 굵은 소금을 뿌리고 10분간 재운 뒤 채반에 받쳐 물기를 뺀다.
3. 달군 팬에 식용유와 들기름을 두르고 감자채를 넣는다. 감자채가 으깨지지 않게 젓가락으로 살살 뒤적이며 중불에서 5~10분간 볶는다.
4. 검은깨를 뿌린다.

tip 간이 싱거우면 고운 소금을 약간 더 넣으세요.

●○○

밤솥밥

밤에는 비타민C가 많아 피부 미용과
피로 회복, 감기 예방에 효능이 있어요.
가을볕을 받아 실하게 큰 알밤으로 솥밥을 만들어 보겠습니다.

1

| 재료 |

불린 쌀 2컵
깐 밤 10~15알
물 2컵

1. 솥에 불린 쌀과 깐 밤, 물을 넣고 중불에서 끓인다.
2. 밥물이 끓으면 숟가락으로 밥을 휘저으며 물이 자작해질 때까지 끓인다.
3. 뚜껑을 덮은 뒤 약불에서 10분간 더 끓인다.
4. 불을 끄고 10분간 뜸을 들인다.

목살두부김치찌개

두툼한 돼지고기, 푹 익힌 김치, 간이 밴 두부까지.
건더기 건져 먹는 재미가 있는 찌개를 소개할게요.
밥 한 그릇, 아니 두 그릇은 기본인 김치찌개를 만들어 드셔 보세요.

| 재료 |

목살 200g
찌개용 두부 1모
김치 1/4포기
쫑쫑 썬 대파 1큰술
고춧가루 2큰숙
다진 마늘 1큰술
설탕 1/2큰술
까나리액젓 2큰술
식용유 2큰술

1. 달군 냄비나 솥에 식용유를 두르고 한입 크기로 썬 목살을 넣은 뒤 고기가 불투명해질 때까지 강불에서 볶는다.
2. 먹기 좋게 썬 김치, 고춧가루, 다진 마늘, 설탕을 넣고 중불에서 1분간 볶는다.
3. 모든 재료가 잠기고 남을 만큼 넉넉하게 물을 넣고 깍둑썰기한 두부를 올려 강불에서 20분간 끓인다.
4. 국물이 1/4정도 줄면 까나리액젓을 넣는다.
5. 쫑쫑 썬 대파를 넣고 중불에서 한소끔 더 끓인다.

tip 간이 싱거우면 까나리액젓을 약간 더 넣으세요.

무나물

슴슴한 무나물은 속을 편안하게 만들어 줘요.
담백한 맛이 일품이므로 찌개류와 잘 어울리는 반찬입니다.

| 재료 |

무 1/4개
조각 다시마 1개
소금 1/2큰술
생강가루 1/2큰술
들기름 1큰술
통깨 약간

1. 달군 웍에 채썬 무와 조각 다시마, 들기름, 소금, 생강가루를 넣고 무 가장자리가 투명해질 때까지 중불에서 볶는다.
2. 무가 살캉하게 익으면 조각 다시마를 빼고 살짝 더 볶은 뒤 불을 끄고 통깨를 뿌린다.

감자솥밥

저희 할머니께서는 가마솥에
구수한 감자를 한가득 넣고 밥을 지어 주셨어요.
가마솥에서 익은 폭신폭신한 감자솥밥을 집에서도 만들어 보세요.
구수하고 정감 가는 건강 한 그릇을 드실 수 있을 거예요.

1

2

| 재료 |

불린 쌀 2컵
감자(中) 3개
물 2컵

1. 감자 껍질을 벗긴 뒤 숭덩숭덩 큼직하게 썰고 깨끗하게 씻는다.
2. 솥에 불린 쌀을 넣고 그 위에 감자를 올린 뒤 중불에서 끓인다.
3. 밥물이 끓으면 숟가락으로 밥을 휘저으며 물이 자작해질 때까지 끓인다.
4. 뚜껑을 덮은 뒤 약불에서 10분간 더 끓인다.
5. 불을 끄고 10분간 뜸을 들인다.

| 감자솥밥 · 두부두루치기찌개 · 오이고추된장무침 |

두부두루치기찌개

두부 두루치기는 알지만 두루치기찌개는
잘 모르는 분들이 있더라고요.
칼칼한 국물과 감칠맛 나는 액젓이
두툼한 두부에 배어 밥반찬으로 먹으면 그만인 찌개입니다.

| 재료 |

부침용 두부 1모
멸치육수 3컵(500ml)
멸치액젓 1큰술
새우젓 1큰술
다진 마늘 1큰술
고춧가루 1큰술
대파 1/2대

1. 두부를 두툼하게 썬다.
2. 냄비에 두부를 가지런히 놓은 뒤 멸치육수를 넣고 중불에서 끓인다.
3. 멸치육수가 끓으면 멸치액젓, 새우젓, 다진 마늘, 고춧가루를 넣고 팔팔 끓인다.
4. 어슷썬 대파를 넣고 중강불에서 한소끔 더 끓인다.

| 감자솥밥 · 두부 두루치기찌개 · 오이고추된장무침 |

오이고추된장무침

아삭아삭한 식감이 일품인
오이고추로 무침을 만들어 볼게요.
찌개나 밥이 완성되기 전에 휘리릭 만들 수 있는
간편 반찬이랍니다.

| 재료 |

오이고추 3~4개
참기름 약간
통깨 약간

양념

설탕 1/3큰술
다진 마늘 1/2큰술
된장 1큰술

1. 깨끗하게 씻은 오이고추의 앞뒤 꼭지를 잘라 내고 먹기 좋은 길이로 썬다.
2. 볼에 오이고추와 양념을 넣고 잘 섞는다.
3. 참기름을 두른 뒤 통깨를 뿌린다.

tip 매운맛을 내고 싶다면 된장 대신 매운 고춧가루 1큰술, 액젓 1/2큰술을 넣으세요. 오이고추 대신 스낵오이를 넣어도 맛있습니다.

고구마솥밥

아이들도 좋아하는 달콤한 맛의 고구마와
백미의 조합은 그야말로 최고입니다.
당 지수도 낮기 때문에 다이어트하는 분들에게
도움이 많이 될 거예요.

1

2

| 재료 |

불린 쌀 2컵
고구마(中) 2개
물 2컵

1. 껍질을 벗긴 고구마를 숭덩숭덩 큼직하게 썬다.
2. 솥에 불린 쌀과 물을 넣고 그 위에 고구마를 올린 뒤 중불에서 끓인다.
3. 밥물이 끓으면 숟가락으로 밥을 휘저으며 물이 자작해질 때까지 끓인다.
4. 뚜껑을 덮은 뒤 약불에서 10분간 더 끓인다.
5. 불을 끄고 10분간 뜸을 들인다.

| 고구마솥밥 · 참치찌개 · 중국식오이부침 |

참치찌개

참치, 감자, 양파에 자박하게
육수를 넣어 찌개를 끓여 보세요.
건더기에 참치의 고소한 기름이 배어
남녀노소 누구나 좋아할 맛이랍니다.

| 재료 |

참치 1캔
애호박 1/3개
감자 1개
양파 1/2개
대파 1/2개
청양고추 1개
홍고추 1개
멸치육수 2컵

양념

고춧가루 2큰술
다진 마늘 1큰술
국간장 1큰술
액젓 1큰술
흑후추 1/2큰술

1. 참치 기름을 꾹 짠다. 애호박은 반달썰기, 감자는 깍둑썰기한다. 양파는 굵게 채썰고, 청양고추와 홍고추는 쫑쫑 썰기, 대파는 어슷썬다.
2. 냄비에 멸치육수, 참치, 감자, 애호박, 양파를 넣는다.
3. 양념을 넣은 뒤 강불에서 10분간 끓인다.
4. 채소가 익으면 어슷썬 청양고추, 홍고추, 대파를 넣고 한소끔 끓인다.

중국식 오이무침

고추장으로 무치는 오이무침과 다르게
오이 본연의 맛을 좀 더 잘 느낄 수 있는 무침을 만들어 볼게요.
이 반찬은 어디에나 잘 어울리지만
고기, 부침 같은 기름진 음식에 특히 잘 어울린답니다.

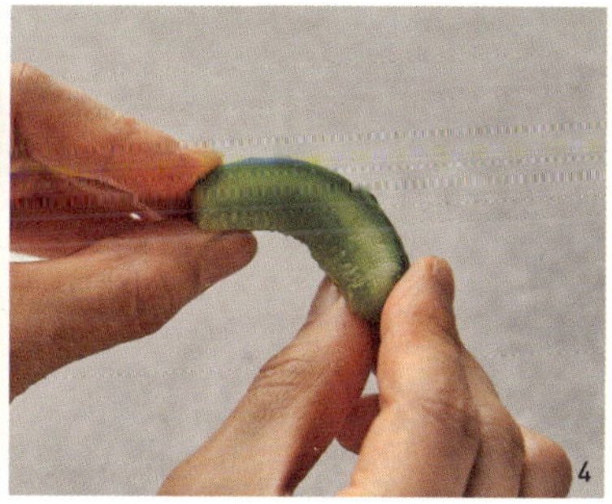

| 재료 |

백오이 3개
굵은 소금 2큰술

양념

통마늘 5개
홍고추 1개
설탕 1큰술
두반장 1큰술
식초 1큰술
고추기름 1+1/2큰술

1. 굵은 소금으로 백오이를 박박 문질러 깨끗하게 씻은 뒤 양쪽 꼭지를 자른다. 칼 옆면으로 백오이를 2~3번 세게 내리쳐 약간 으깬다.
2. 백오이를 십자 모양(+)으로 길게 자른 뒤 4등분으로 썬다.
3. 볼에 백오이를 넣고 굵은 소금을 뿌린 뒤 중간중간 뒤적이며 20분간 재운다.
4. 손으로 오이를 잡고 휘었을 때 잘 휘어지면 찬물에 빠르게 헹궈낸 뒤 물기를 뺀다.
5. 거칠게 빻은 통마늘과 쫑쫑 썬 홍고추를 나머지 양념과 잘 섞는다.
6. 절인 백오이를 양념에 넣고 버무린다.

tip 백오이 대신 스낵오이 7~8개를 써도 좋아요.

●○○

은행솥밥

피로 회복과 항암 효과가 뛰어난 은행으로
솥밥을 지어 보세요.
시장에서 껍질이 까져 있는 '깐 은행'을
쉽게 구할 수 있으니 참고해 주세요.

1

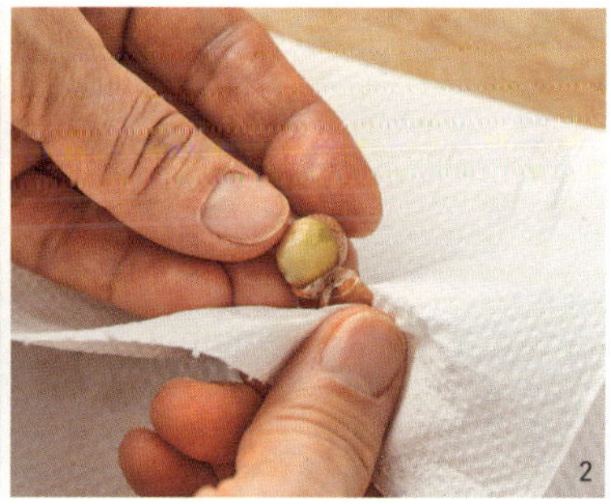

2

| 재료 |

불린 쌀 2컵
은행 10~15알
물 2컵
식용유 1작은술

1. 달군 팬에 식용유를 두른 뒤 은행을 넣고 약불에서 2~3분간 볶는다.
2. 은행을 식힌 뒤 키친타월로 껍질을 벗긴다.
3. 솥에 불린 쌀과 물을 넣고 그 위에 볶은 은행을 올린 뒤 중불에서 끓인다.
4. 밥물이 끓으면 숟가락으로 밥을 휘저으며 물이 자작해질 때까지 끓인다.
5. 뚜껑을 덮은 뒤 약불에서 10분간 더 끓인다.
6. 불을 끄고 10분간 뜸을 들인다.

비지찌개

담백하고 고소한 진한 콩과
새콤한 신김치를 넣어서 비지찌개를 만들어 보세요.
든든한 한 끼, 건강한 한 끼가 차려질 거예요.

| 재료 |

다진 돼지고기 100g
비지 200g
신김치 2줄기
물 3컵(500ml)
대파 1/3개
청양고추 1개
식용유 약간

양념

고춧가루 2큰술
다진 마늘 1큰술
국간장 1큰술
액젓 1큰술

1. 달군 냄비에 식용유를 두른 뒤 다진 돼지고기를 넣고 중불에서 고기가 불투명해질 때까지 볶는다.
2. 신김치는 김치 국물을 꼭 짠 뒤 쫑쫑 썰어 다진 고기와 함께 살짝 볶는다.
3. 물을 붓고 비지와 양념을 모두 넣고 중불에서 15~20분간 끓인다.
4. 쫑쫑 썬 대파와 청양고추를 넣고 한소끔 더 끓인다.

●○○

감자조림

감자조림은 포슬포슬한 식감을 제대로 느낄 수 있는
하지감자로 만드는 게 제일 좋아요.
달콤 짭짤한 양념과 고소한 감자 반찬을 맛보세요.

| 재료 |

감자 2개
식용유 2큰술
쫑쫑 썬 쪽파 1큰술
참기름 약간
통깨 약간
흑후추 약간

양념

물 1컵
다진 마늘 1큰술
간장 2큰술
물엿 2큰술

1. 껍질 벗긴 감자를 먹기 좋게 썰고 물에 10분간 담가 둔 뒤 채반에 받쳐 물기를 뺀다.
2. 달군 웍에 식용유를 두르고 감자를 넣어 강불에서 5분간 볶는다.
3. 양념을 넣고 양념이 끓을 때까지 중불에서 끓인다.
4. 양념이 끓으면 약불에서 감자를 뒤적이며 물이 사박해질 때까지 졸인다.
5. 양념이 자박해지고 감자가 익으면 불을 끄고 참기름을 두르고 통깨, 흑후추를 뿌린 뒤 쫑쫑 썬 쪽파를 올린다.

tip 감자 전분을 빼려면 물에 잠깐 담가 두어야 해요.
매콤한 맛을 내고 싶다면 고춧가루 2큰술을 추가하세요.

PART 2.

솥밥은 밥의 향을 극대화하는 묘한 능력이 있어요.
여기에서는 이 능력을 이용해 향긋한 식재료를 더욱 향긋하게 만드는 솥밥 레시피를 알려드릴게요.
제철 식재료부터 사계절 내내 먹을 수 있는 식재료까지 다양하게 사용해 볼게요.
이참에 솥밥 장인으로 거듭나 보는 건 어떨까요?

향긋한 솥밥으로 만드는 한 상 차림

SOTBAB

●○○

무솥밥

소화가 안 되면 무를 먹으라는 말이 있지요?
그만큼 무는 위궤양이나 소화불량, 다이어트에도
도움이 되는 재료입니다.
무의 시원하고 삼삼한 맛을 느낄 수 있는
솥밥을 만들어 볼게요.

1

3

| 재료 |

불린 쌀 2컵
무(中) 1/4개
물 2컵
들기름 2큰술

1. 달군 팬에 들기름을 두른 뒤 약간 두껍게 채썬 무를 넣고 중불에서 살짝 볶는다.
2. 솥에 불린 쌀, 물을 넣고 중불에서 끓인다.
3. 밥물이 끓으면 숟가락으로 밥을 휘저으며 물이 자작해질 때까지 끓인다.
4. 볶은 무를 밥 위에 올리고 뚜껑을 덮은 뒤 약불에서 10분간 더 끓인다.
5. 불을 끄고 10분간 뜸을 들인다.

●○○

오징어뭇국

무솥밥을 만들고 남은 무를 넣어 시원한 오징어뭇국을 만들어 보세요. 오징어는 오래 끓이면 질겨지니 10분 이내로 끓여 쫄깃쫄깃 오동통한 식감을 느껴 보세요.

| 재료 |

오징어 1마리
무 1/4개
양파 1/2개
멸치육수+고기육수 1L
백간장 1큰술
멸치액젓 1큰술
다진 마늘 1큰술
대파 1/2개
청양고추 1개
홍고추 1개

1. 무는 0.2cm 두께로 나박썰고, 양파는 깍뚝썰기 한다.
2. 오징어는 깨끗하게 씻은 뒤 껍질을 벗긴다. 몸통은 세로로 반을 자르고 1cm 너비로 썬다. 다리는 3~4등분으로 썬다.
3. 냄비에 육수, 무를 넣고 강불에서 끓인다.
4. 육수가 끓으면 백간장, 멸치액젓을 넣고 한소끔 끓인 뒤 오징어와 양파를 넣고 중불에서 5분간 끓인다.
5. 다진 마늘, 어슷썬 대파, 쫑쫑 썬 청양고추와 홍고추를 넣고 한소끔 끓인다.

tip 육수는 섞어 쓰지 않고 하나만 선택해 써도 됩니다.
칼칼한 맛을 내고 싶다면 고춧가루 1큰술을 추가하세요.

●○○

메추리알 꽈리고추조림

냉장고에 쟁여 두는 든든한 밑반찬이죠.
[illegible]
[illegible] 납니다.

| 재료 |

메추리알 20개
꽈리고추 10개
통마늘 10개
소금 1큰술
식초 1큰술
참기름 약간

양념

멸치육수 2컵
설탕 1큰술
간장 1/2컵
물엿 2큰술

1. 냄비에 메추리알을 넣고 메추리알이 잠길 만큼 찬물을 붓는다. 소금, 식초를 넣고 중불에서 10분간 끓이고 찬물에 씻어 껍질을 깐다.
2. 꽈리고추는 꼭지를 비틀어 딴 뒤 깨끗이 씻는다.
3. 냄비에 삶은 메추리알과 양념을 넣고 중불에서 끓인다.
4. 양념이 끓으면 10분간 두었다가 통마늘과 꽈리고추를 넣고 5분간 졸인다.
5. 메추리알이 식으면 참기름을 뿌린다.

tip 깐 메추리알을 구입해서 써도 좋아요.

| 송화버섯솥밥 · 굴국 · 마늘종장아찌 |

송화버섯솥밥

송화버섯은 표고버섯과 송이버섯 맛이 섞인 버섯이에요.
밥을 짓고, 뚜껑을 열었을 때 풍겨 오는 그 향은
다른 어떤 버섯보다도 특별하답니다.

1

2

| 재료 |

불린 쌀 2컵
송화버섯 4~5개
물 2컵
들기름 약간

1. 송화버섯의 기둥을 손으로 떼고 잘게 찢는다. 송화버섯의 갓은 채썰기한다.
2. 솥에 불린 쌀, 송화버섯 기둥, 물을 넣고 중불에서 끓인다.
3. 밥물이 끓으면 숟가락으로 밥을 휘저으며 물이 자작해질 때까지 끓인다.
4. 뚜껑을 덮은 뒤 약불에서 10분간 끓인다.
5. 송화버섯 갓을 밥 위에 올린 뒤 뚜껑을 덮는다.
6. 불을 끄고 10분간 뜸을 들인다.
7. 들기름을 두른 뒤 고루 섞는다.

굴국

바다 향 가득, 시원한 국물 한 모금이면
막혀 있던 속도 뻥 뚫리는 겁니다.
추운 겨울 제철 굴로 맛있는 국을 만들어 볼게요.

1

| 재료 |

깐 굴 1봉지
무 1/4개
쫑쫑 썬 대파 1큰술
홍고추 1/2개
까나리액젓 2큰술
다진 마늘 1큰술

육수

편으로 썬 생강 3~4조각
대파 흰 부분 1대
물 1L

1. 볼에 물과 깐 굴을 넣고 손으로 살살 뒤적이며 씻는다. 두세 번 물을 갈아 주며 반복한다.
2. 냄비에 나박썬 무와 육수 재료를 넣고 강불에서 10분간 끓인 뒤 불을 끄고 5분 정도 둔다.
3. 생강 조각과 대파 흰 부분은 꺼낸 뒤 굴, 까나리액젓, 다진 마늘을 넣고 중불에서 한소끔 끓인다.
4. 그릇에 국을 담고 쫑쫑 썬 대파와 홍고추를 올린다.

●○○

마늘종장아찌

단단한 식감의 장아찌를 찾는다면 마늘종만한 게 없지요.
마늘보다 향은 약하지만 알싸한 특유의 맛이
입맛을 돋우는, 맛있는 저장 반찬이랍니다.

2

3

| 재료 |

마늘종 4컵
장아찌 간장 5컵

1. 마늘종은 깨끗하게 씻은 뒤 채반에 받쳐 물기를 뺀다.
2. 마늘종을 손가락 한 마디 길이로 썰어 4컵 분량을 준비한다.
3. 끓인 장아찌 간장을 바로 마늘종에 붓는다.
4. 한 김 식힌 뒤 냉장고에 넣어 2~3일간 숙성시킨다.

| 시래기솥밥 · 백명란뭇국 · 두부조림 |

●○○

시래기솥밥

정겨운 냄새 가득한 시래기솥밥 어떠세요.
시래기는 잘못 다루면 질겨질 수 있으니 꼼꼼히 손질해서
부드럽게 만들어야 합니다.

| 재료 |

불린 쌀 2컵
삶은 시래기 100g
물 2컵

양념

국간장 1큰술
들기름 2큰술
다진 마늘 1큰술

1. 삶은 시래기를 한 번 씻은 뒤 손가락으로 살살 문질러 섬유질(겉질)을 벗기고 먹기 좋은 크기로 썬다.
2. 시래기에 양념을 넣고 조물조물 무친다.
3. 달군 솥에 무친 시래기를 넣고 1분간 볶는다.
4. 불린 쌀과 볶은 시래기, 물을 넣고 중불에서 끓인다.
5. 밥물이 끓으면 숟가락으로 밥을 휘저으며 물이 자작해질 때까지 끓인다.
6. 뚜껑을 덮은 뒤 약불에서 10분간 더 끓인다.
7. 불을 끄고 10분간 뜸을 들인다.

tip 건 시래기는 미지근한 물에 반나절 불린 후 30~40분간 끓인 뒤 식혀서 사용하세요.

| 시래기솥밥 · 백명란뭇국 · 두부조림 |

백명란뭇국

짭조름한 명란과 담백한 두부로 맛을 낸 간단 일품국이에요.
명란으로 활용할 수 있는 요리가 많으니 좋은 명란을 사서
여기저기에 활용해 보세요.

1

3

| 재료 |

백명란 1개
부침용 두부 1/2모
무 1/6개
쫑쫑 썬 쪽파 1큰술

육수

통생강 1~2개
대파 1/2개
물 500ml

1. 무는 나박썰고, 통생강은 납작하게 편으로 썰고, 두부는 먹기 좋은 크기로 썬다. 대파는 손가락 길이로 큼직하게 썬다. 백명란은 6~7등분으로 썬다.
2. 냄비에 육수 재료와 무를 넣고 무가 투명하게 익을 때까지 중불에서 끓인다.
3. 무가 익으면 통생강과 대파를 건진 뒤 두부와 백명란을 넣고 한소끔 끓인다.
4. 쫑쫑 썬 쪽파를 올린다.

tip 간이 싱거우면 새우젓을 약간 더 넣으세요.
신선한 백명란을 써야 터지지 않고 원형 그대로 끓일 수 있어요.

●○○

두부조림

두부를 들기름에 달달 구운 뒤 조림으로 맛을 내 보세요.
뜨끈한 밥 위에 구수한 두부를 먹으면 천국이 따로 없어요.

1

5

| 재료 |

부침용 두부 1모
소금 1큰술
들기름 1큰술
식용유 1큰술
참기름 1큰술
쫑쫑 썬 쪽파 1/3개
통깨 약간
물 1컵

양념

고춧가루 2큰술
간장 1큰술
다진 마늘 1큰술
설탕 1큰술

1. 두부는 반으로 자른 뒤 도톰하게 4등분으로 썬다. 소금을 뿌려 5분간 재우고 키친타월로 물기를 뺀다.
2. 달군 팬에 들기름과 식용유를 두른 뒤 두부를 넣고 중불에서 노릇하게 굽는다.
3. 냄비에 구운 두부를 빈틋하게 깔고 양념을 켜켜이 올리며 두부를 포갠다. 양념을 다 쓸 때까지 반복한다.
4. 양념을 만들었던 그릇에 물을 넣고, 남아 있는 양념을 싹싹 긁어 양념물을 만든다.
5. 두부가 잠길 만큼 양념물을 넣고 중불에서 끓인다.
6. 양념이 끓으면 10~15분간 약불에서 졸인다.
7. 불을 끄고 참기름을 두른 뒤 통깨를 뿌리고 쫑쫑 썬 쪽파를 올린다. 뚜껑을 닫고 잔불에 5분간 익힌다.

| 우엉솥밥 · 소고기뭇국 · 진미채부침 |

우엉솥밥

향과 특색을 모두 잡고 싶다면 우엉솥밥이 제격이지요.
간단하게 우엉만 채썰어 넣은 것 뿐인데
근사한 요리가 완성됩니다.

1

3

| 재료 |

불린 쌀 2컵
채썬 우엉 100g
표고육수 2컵
조각 다시마 2개

1. 솥에 불린 쌀, 표고육수, 조각 다시마를 넣고 중불에서 끓인다.
2. 밥물이 끓으면 다시마를 빼내고 숟가락으로 밥을 휘저으며 물이 자작해질 때까지 끓인다.
3. 채썬 우엉은 밥 위에 올리고 뚜껑을 덮은 뒤 약불에서 10분간 더 끓인다.
4. 불을 끄고 10분간 뜸을 들인다.

tip 기호에 맞게 달래장아찌, 참기름, 통깨를 넣어 비벼 드세요.

●○○

소고기뭇국

밥을 말아 먹기 딱 좋은 구수한 소고기뭇국이에요.
갈비탕처럼 소면 사리를 넣어 먹어도 맛있어요.

3

4

| 재료 |

양지 100g
무 1/4개
대파 1/2개
멸치육수 1L
참기름 1큰술
식용유 1큰술
백간장 2큰술

1. 양지는 편으로 썰고, 무는 나박썰고, 대파는 어슷썰어 놓는다.
2. 냄비에 참기름과 식용유를 두른 뒤 중불에서 양지가 불투명해질 때까지 볶는다.
3. 무를 넣고 무가 투명해질 때까지 한 번 더 볶는다.
4. 멸치육수를 넣고 강불에서 거품을 걷어 내며 끓인다.
5. 멸치육수가 1/4 정도 줄면 백간장을 넣고 한소끔 끓인다.
6. 어슷썬 대파를 넣고 불을 끈다.

tip 간이 싱거우면 까나리액젓을 약간 더 넣고 살짝 끓이세요.

진미채무침

진미채무침은 도시락 반찬이나 김밥 속 재료로
일등 공신인 국민 반찬이지요.
간단하게 만들 수 있지만 활용도가 높은 편이라서
냉장고에 넣어 두면 마음도 든든해져요.

1

2

| 재료 |

진미채 200g
물엿 2큰술
참기름 1큰술
통깨 약간

양념

고춧가루 1큰술
고추장 1큰술
다진 마늘 1큰술
간장 1큰술
식용유 1큰술
물 2큰술

1. 깊은 팬에 양념을 넣고 중불에서 부르르 끓인다.
2. 양념이 끓으면 불을 끄고 진미채를 넣어 양념이 골고루 묻도록 잘 섞는다.
3. 물엿을 두른 뒤 한 번 더 뒤적인다.
4. 참기름을 두른 뒤 통깨를 뿌린다.

굴솥밥

겨울의 '향'을 대표하는 솥밥을 만들어 볼게요.
간장 양념 대신 집에 있는
장아찌류와 청양고추를 잘게 다져서
함께 비벼 먹으면 정말 맛있어요.

| 재료 |

불린 쌀 2컵
깐 굴 1봉지
사골국물 2컵
생강가루 1/2작은술
쫑쫑 썬 쪽파 1큰술
참기름 1작은술, 약간
굵은 소금 약간

1. 볼에 깐 굴을 넣고 굵은 소금을 뿌린 뒤 뒤적인다. 다른 볼에 굴을 옮겨 넣고 2~3번 정도 씻은 뒤 채반에 받쳐 물기를 뺀다.
2. 달군 팬에 참기름을 1작은술을 두른 뒤 굴의 겉면이 뽀얘질 때까지 중불에서 볶는다.
3. 솥에 불린 쌀, 사골국물, 볶은 굴, 생강가루를 넣고 중불에서 끓인다.
4. 밥물이 끓으면 숟가락으로 밥을 휘저으며 물이 자작해질 때까지 더 끓인다. 이때 굴이 터지지 않게 조심한다.
5. 뚜껑을 덮은 뒤 약불에서 10분간 더 끓이고, 불을 끄고 10분간 뜸을 들인다.
6. 밥에 참기름을 약간 두른 뒤 쫑쫑 썬 쪽파를 올린다.

tip 생강가루 대신 생강즙 1작은술을 넣어도 되고, 쫑쫑 썬 쪽파 대신 쫑쫑 썬 대파 1큰술을 넣어도 됩니다.

배추된장국

베추는 끓일수록 달큰한 맛이 올라오는 채소입니다.
된장을 만나면 달큰한 맛이 구수함으로 번지니
후루룩 후루룩 입으로 끝없이 들어가요.

1

4

| 재료 |

알배추 1통
멸치육수 2L
달래된장 2큰술
쫑쫑 썬 대파 1큰술
청양고추 1개
다진 마늘 1큰술

1. 알배추는 반으로 자른 뒤 손가락 한 마디 길이로 자른다.
2. 자른 알배추는 깨끗이 씻은 뒤 체에 받쳐 물기를 뺀다.
3. 냄비에 멸치육수를 넣고 중불에서 끓인다.
4. 육수가 끓으면 달래된장과 자른 알배추를 넣은 뒤 중불에서 30~40분간 푹 끓인다
5. 쫑쫑 썬 대파와 청양고추, 다진 마늘을 넣고 한소끔 끓인다.

참나물무침

참나물을 살짝 데친 후 조물조물 양념에 무쳐 먹으면
싱그러운 맛을 두 배나 느낄 수 있어요.
삼삼한 건강식 반찬을 먹고 싶다면 참나물 무침을 추천합니다.

| 재료 |

참나물 1봉
굵은 소금 1큰술

양념

백간장 1큰술
다진 마늘 1큰술
참기름 약간
통깨 약간

1. 참나물을 먹기 좋게 자른 뒤 깨끗이 씻고 물기를 털어 낸다.
2. 끓는 물에 굵은 소금과 참나물을 넣고 30초간 데친다.
3. 데친 참나물을 찬물에 헹군 뒤 손으로 물기를 꼭 짠다.
4. 볼에 데친 참나물과 양념을 넣고 조물조물 무친다.

| 냉이솥밥 · 시래기국 · 묵실두구치기 |

냉이솥밥

봄 향기 가득하고 씹을수록 달큰함을
느낄 수 있는 냉이는 매력적인 식재료랍니다.
비타민과 무기질이 많이 들어 있어 기력 회복에 탁월하니,
컨디션이 좋지 않은 날 한 그릇 드셔 보세요.

1

2

| 재료 |

불린 쌀 2컵
냉이 1봉지(약 200g)
물 2컵
굵은 소금 1큰술

양념

소금 1작은술
참기름 1큰술

1. 냉이 뿌리를 다듬고 깨끗이 씻는다.
2. 끓는 물에 냉이, 굵은 소금을 넣고 살짝 데친 뒤 찬물로 헹구고 손으로 물기를 짠다.
3. 볼에 송송 썬 냉이와 양념을 넣고 조물조물 무친다.
4. 솥에 불린 쌀, 물을 넣고 중불에서 끓인다.
5. 밥물이 끓으면 숟가락으로 밥을 휘저으며 물이 자작해질 때까지 끓인다.
6. 뚜껑을 덮은 뒤 약불에서 10분간 더 끓인다.
7. 불을 끄고 10분간 뜸을 들인 뒤 무친 냉이를 넣고 잘 섞는다.

시래기국

구수한 맛이 일품인 시래기는 비타민이 풍부한
건강 식재료입니다. 섬유질을 벗기지 않으면 질겨지니
불편하더라도 꼭 섬유질을 벗기세요.

| 재료 |

삶은 시래기 200g
멸치육수+고기육수 1.5L
어슷썬 대파 1큰술
홍고추 1/2개

양념

달래된장 1큰술
다진 마늘 1큰술
액젓 1큰술

1. 시래기를 깨끗하게 씻은 후 섬유질(껍질)을 벗긴다.
2. 시래기를 먹기 좋은 크기로 적당히 자른 뒤 양념을 넣고 조물조물 무친다.
3. 냄비에 육수와 무친 시래기를 넣고 30분간 중강불에서 푹 끓인다.
4. 어슷썬 대파, 쫑쫑 썬 홍고추를 넣고 한소끔 끓인다.

tip 미지근한 물에 반나절 불린 시래기를 그대로 강불에 30분 동안 팔팔 끓인 후 식혀서 사용하세요.
멸치육수와 고기육수를 섞어 쓰는 대신 멸치육수 1.5L만 써도 되고, 달래된장 대신 된장 1큰술만 넣어도 됩니다.

목살두루치기

두루치기는 어느 곳에나 어울리는 메인 반찬이지요.
뜨거운 밥에 고기 한 점 얹어 먹거나
남은 찬밥에 볶아 먹어도 맛있어요.

2

| 재료 |

목살 200g
양파 1/4개
대파 1/2개
식용유 1큰술
청주 1큰술
흑후추 1/2작은술
통깨 1큰술

양념

설탕 1큰술
고춧가루 1큰술
고추장 1큰술
다진 마늘 1큰술
간장 2큰술
물엿 1큰술

1. 달군 웍에 식용유를 두르고 목살, 청주, 흑후추를 넣고 색이 불투명해질 때까지 강불에서 볶는다.
2. 깍둑썰기한 양파와 양념을 넣고 1~2분간 더 볶는다.
3. 불을 끄고 통깨와 채썬 대파를 올린다.

| 바지락달래솥밥 · 아욱된장국 연근조림 |

●●○

바지락달래솥밥

달래만 넣고 밥을 하기에 심심했다면
바지락을 추가해 보세요. 짭조름한 바지락 맛이
달래와 만나서 향과 맛을 극대화합니다.

| 재료 |

불린 쌀 2컵
바지락살 1컵(100g)
물 2컵
맛간장 1큰술
달래 약간
들기름 1큰술

밑간

청주 2큰술
흑후추 약간

1. 바지락살을 바락바락 씻은 후 밑간을 한 뒤 10분간 재운다.
2. 솥에 불린 쌀, 물, 맛간장을 넣고 중불에서 끓인다.
3. 밥물이 끓으면 숟가락으로 밥을 휘저으며 밥물이 자작해질 때까지 끓인다.
4. 밥 위에 바지락살을 올린 뒤 뚜껑을 덮고 약불에서 10분간 더 끓인다.
5. 불을 끄고 밥에 들기름을 두른 뒤 먹기 좋게 썬 달래를 올린다. 뚜껑을 덮고 10분간 뜸을 들인다.

tip 달래 손질법은 214쪽을 참고해 주세요.
달래 대신 쫑쫑 썬 영양부추 2큰술을 올려도 됩니다.

아욱된장국

시금치된장국과 비슷하지만
아욱만이 낼 수 있는 구수함이 있어요.
몸살이 날 때, 얼큰한 게 먹고 싶을 때
만들어 보세요.

3

| 재료 |

아욱 1단
멸치육수 2L
된장 2큰술
고추장 1큰술
다진 마늘 1큰술
쫑쫑 썬 대파 2큰술
청양고추 1개
홍고추 1개

1. 아욱의 이파리를 뗀 뒤 깨끗하게 씻고, 먹기 좋은 크기로 썬다.
2. 냄비에 멸치육수를 넣고 된장과 고추장을 푼다.
3. 아욱을 넣고 30분간 중불에서 팔팔 끓인다.
4. 다진 마늘, 쫑쫑 썬 대파, 청양고추, 홍고추를 넣고 한소끔 끓인다.

연근조림

뿌리 채소인 연근은 건강 식재료로
잘 알려져 있어요. 아작아작 씹는 맛이 좋아서
식감이 약한 밥상에 올리면 좋은 반찬입니다.

| 재료 |

연근 200g
식초 1큰술
식용유 1큰술
청양고추 1개
참기름 약간
통깨 약간

양념

물 100ml
간장 3큰술
술 3큰술
물엿 3큰술
생강가루 1/2작은술

1. 끓는 물에 식초와 연근을 넣고 5분간 강불에서 끓인 뒤 찬물에 헹구고 채반에 받쳐 물기를 뺀다.
2. 달군 팬에 식용유를 두른 뒤 연근을 넣고 중불에서 살짝 볶는다.
3. 볶은 연근에 양념을 넣고 중불에서 바글바글 끓인다.
4. 양념이 자작해지면 쫑쫑 썬 청양고추를 넣고 중불에서 5분간 더 졸인다.
5. 불을 끄고 참기름을 두른 뒤 통깨를 뿌린다.

관자버터솥밥

관자는 줄에 꿰어 있거나 얇게 슬라이스된 것보다
내상이 있는 채 파는 것이 더 싱싱해요.
버터의 풍미를 느낄 수 있는 관자버터솥밥을 만들어 보세요.

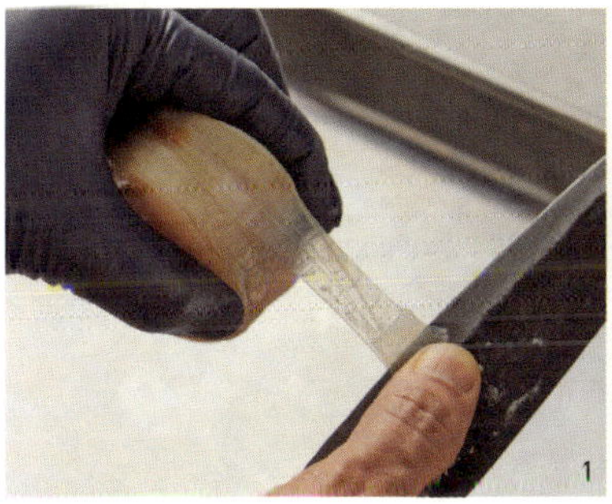

1

2

| 재료 |

불린 쌀 2컵
키조개 관자 3개
무염버터 10g
다진 마늘 1큰술
그라인더 후추 약간
맛간장 1큰술
청주 1큰술
물 2컵
참기름 약간
영양부추 약간

1. 칼로 관자 겉질을 벗긴 뒤 먹기 좋은 크기로 자른다.
2. 달군 솥에 무염버터를 녹인 후 다진 마늘을 넣고 30초 정도 살짝 볶는다. 자른 관자를 넣고 그라인더 후추를 뿌려 약불에서 살짝 굽는다.
3. 불린 쌀, 물, 맛간장, 청주를 넣고 중불에서 끓인다.
4. 밥물이 끓으면 숟가락으로 밥을 휘저으며 물이 자작해질 때까지 끓인다.
5. 밥 위에 구운 관자를 올리고 뚜껑을 덮은 뒤 약불에서 10분간 익힌다.
6. 불을 끄고 그대로 10분간 뜸을 들인다.
7. 참기름을 두른 뒤 쫑쫑 썬 영양부추를 올린다.

tip 10g씩 소분된 버터를 사서 쓰면 편리하게 쓸 수 있어요.

●○○

콩나물국

콩나물에는 숙취 해소 효능이 있어요.
전날 술 한잔 거하게 마셨다면
칼칼하게 고춧가루 팍팍 뿌려서 한 그릇 드셔 보세요.

| 재료 |

콩나물 1봉지(300g)
멸치육수 1.5L
대파 1/2대
청양고추 1개
고춧가루 1큰술
다진 마늘 1큰술
새우젓 2큰술

1. 냄비에 멸치육수와 깨끗하게 씻은 콩나물을 넣고 뚜껑을 연 채 강불에서 10분간 끓인다.
2. 국물을 한 국자 떠서 고춧가루를 갠 뒤 국물에 넣는다.
3. 다진 마늘, 새우젓을 넣고 중불에서 한소끔 끓인다.
4. 쫑쫑 썬 대파와 청양고추를 넣고 중불에서 한소끔 끓인다.

tip 콩나물국을 끓일 때 냄비 뚜껑을 닫고 끓이면 비린내가 날 수 있어요.
국물 맛을 더욱 깔끔하게 내고 싶다면 새우젓 대신 굵은 소금을 넣으세요.

건새우볶음

오랫동안 저장해 놓고 먹을 수 있는
고소한 볶음 반찬을 만들어 보세요.
멸치볶음과는 다른 새우의 맛을 느낄 수 있어요.

4

| 재료 |

건새우 100g
참기름 1큰술
통깨 약간

양념

간장 1큰술
청주 1큰술
식용유 1큰술
물엿 1큰술

1. 마른 팬에 건새우를 넣고 강불에서 1분간 볶는다.
2. 볶은 건새우를 채반에 받쳐 가루를 털어 낸다.
3. 달군 웍에 양념을 넣고 중불에서 끓인다
4. 양념이 끓으면 볶은 건새우를 넣고 빠르게 볶는다.
5. 불을 끄고 참기름을 두른 뒤 통깨를 뿌린다.

| 샤프란마늘솥밥 · 소고기감자국 · 마늘종돼지고기볶음 |

샤프란마늘솥밥

샤프란은 1년에 하루만 채취하는 희귀한 식재료입니다.
과거에는 구하기 힘들었지만 요즘은 외국 식재료를
판매하는 곳이 많아서 구하기 쉬워졌어요.

1

2

| 재료 |

불린 쌀 2컵
샤프란 약간
통마늘 10알
물 2컵

1. 볼에 물과 샤프란을 넣고 우려낸다.
2. 솥에 불린 쌀, 샤프란 우려낸 물, 통마늘을 넣고 중불에서 끓인다.
3. 밥물이 끓으면 숟가락으로 밥을 휘저으며 물이 자작해질 때까지 끓인다.
4. 뚜껑을 덮은 뒤 약불에서 10분간 더 끓인다.
5. 불을 끄고 10분간 뜸을 들인다.

tip 샤프란은 색을 내기 위한 용도로 사용하며, 소량으로도 색이 예쁘게 우러나옵니다.

| 사프란마늘솥밥 · 소고기뭇국 · 마늘종돼지고기볶음 |

소고기감자국

소고기뭇국 대신 소고기'감자'국 어떠세요?
폭신하게 익은 감자와 구수한 소고기가 만나
감칠맛 나는 국입니다

| 재료 |

소고기(불고기용) 100g
감자 2개
멸치육수 1.5L
대파 1/3대
들기름 1큰술
식용유 1큰술
백간장 2큰술
다진 마늘 1큰술
흑후추 약간

1. 소고기는 키친타월로 핏물을 꼼꼼히 닦아 먹기 좋게 자르고, 감자는 1cm 정도 두께로 나박썬다.
2. 달군 냄비에 들기름과 식용유를 두른 뒤 감자를 넣고 중불에서 1분간 볶다가 소고기와 흑후추를 넣고 살짝 더 볶는다.
3. 멸치육수를 넣고 강불에서 끓인다.
4. 육수가 끓으면 거품을 걷으며 중불에서 10분 정도 더 끓인다.
5. 백간장, 다진 마늘을 넣고 한소끔 끓인 뒤 쫑쫑 썬 대파를 넣고 한 번 더 끓인다.

tip 간이 싱거우면 멸치액젓을 약간 더 넣으세요.

| 샤프란마늘솥밥 · 소고기감자국 · 마늘종돼지고기볶음 |

마늘종 돼지고기볶음

마늘종은 돼지고기 특유의 잡내와 느끼한 맛을 잡는 궁합이 좋은 친구입니다. 뜨끈한 밥에 돼지고기가 올라간 맛있는 한 상을 드셔 보세요.

| 재료 |

다진 돼지고기 200g
마늘종 5줄
홍고추 1개
식용유 1큰술
참기름 1큰술
통깨 약간

양념

설탕 1큰술
간장 1/2큰술
맛술 1큰술
두반장 1큰술
굴소스 1큰술
다진 마늘 1/2큰술

밑간

맛술 1큰술
생강가루 1작은술
흑후추 1/2작은술

1. 다진 돼지고기에 밑간을 한 뒤 10분간 재운다.
2. 달군 웍에 식용유를 두른 뒤 다진 돼지고기를 넣고 색이 불투명해질 때까지 중불에서 볶는다.
3. 쫑쫑 썬 마늘종과 홍고추, 양념을 모두 넣고 5분간 더 볶는다.
4. 불을 끄고 참기름을 두른 뒤 통깨를 뿌린다.

| 전복솥밥 · 미역국 · 알배추겉절이 |

전복솥밥

버터향 가득한 전복으로 솥밥을 만들어 볼게요.
버터 맛을 더 느끼고 싶다면 밥에 한 덩이를 넣고
비벼 먹어도 좋아요. 옛날에 먹었던 간장계란버터밥의
업그레이드 버전이라고나 할까요?

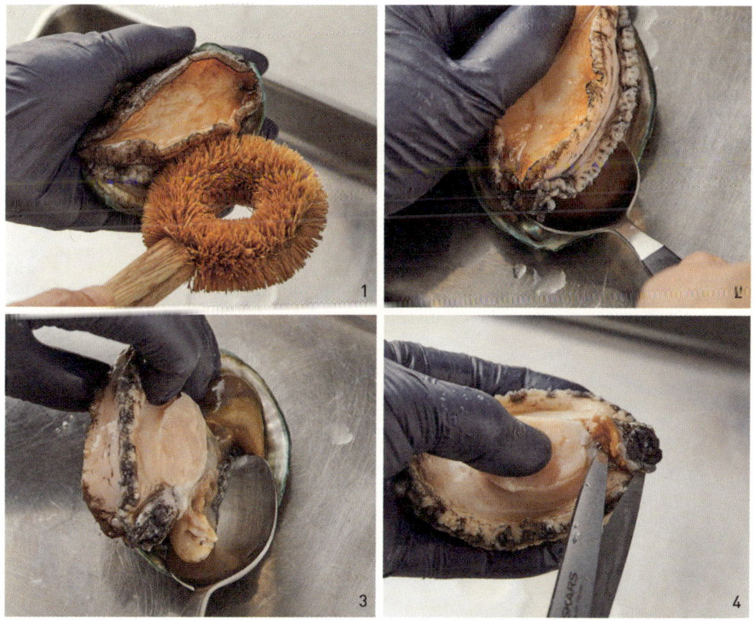

| 재료 |

불린 쌀 2컵
전복 3개
청주 2큰술
간장 1큰술
버터 10g
참기름 2큰술
다진 양파 1큰술
그라인더 후추 1작은술
물 2컵
쫑쫑 썬 쪽파 1큰술

1. 흐르는 물에 전복을 요리솔로 박박 닦는다.
2. 전복 껍데기의 날카로운 부분이 바깥쪽으로 오게 꼭 잡는다. 관자가 있는 5시 방향에 스테인리스 순가락을 넣는다.
3. 힘을 주어 관자와 살을 분리한다.
4. 가위로 전복 이빨을 빼고, 내장을 분리한다.
5. 전복 살을 얇게 썬다. 믹서에 내장, 청주 1큰술을 넣고 곱게 간다.

6. 달군 팬에 버터를 녹인 뒤 얇게 썬 전복을 중불에서 1분간 볶는다.
7. 달군 솥에 참기름 1큰술을 두른 뒤 다진 양파를 넣고 양파가 투명해질 때까지 중불에서 볶는다.
8. 간 내장과 청주 1큰술, 간장을 넣고 한 번 더 볶아 비린내를 날린다.
9. 불린 쌀, 그라인더 후추를 넣고 30초간 볶는다.
10. 물을 넣고 중불에서 끓인다.
11. 밥물이 끓으면 숟가락으로 밥을 휘저으며 물이 자작해질 때까지 끓인다.
12. 뚜껑을 덮은 뒤 약불에서 10분간 더 끓인다.
13. 불을 끄고 밥 위에 볶은 전복을 올린 뒤 뚜껑을 덮고 10분간 뜸을 들인다.
14. 참기름 1큰술을 두른 뒤 쫑쫑 썬 쪽파를 올린다.

STAUB
STAUB

미역국

요즘은 자른 미역, 조각 미역이 있어 손쉽게 미역국을 끓일 수 있어요. 미역만 넣고 푹 끓여도 맛있지만 바지락, 성게알, 홍합 등 해산물을 넣고 끓여도 좋아요.

2

3

| 재료 |

불린 미역 100g
고기육수 1.5L
들기름 1큰술
국간장 2큰술
다진 마늘 1큰술

1. 물에 불린 미역을 찬물에 바락바락 씻어 헹군 뒤 채반에 받쳐 물기를 뺀다.
2. 냄비에 들기름을 두른 뒤 불린 미역을 넣고 중불에서 1분간 달달 볶는다.
3. 고기육수를 넣고 강불에서 20분간 끓인다.
4. 국간장과 다진 마늘을 넣고 한소끔 더 끓인다.

tip 국간장 대신 백간장 2큰술을 넣어도 됩니다.
미역은 남해의 '엥강마켓'에서 판매하는 것을 추천해요.

| 전복솥밥 · 미역국 · 알배추 겉절이 |

알배추겉절이

김장 김치가 물렸을 때 간단히 만들어 먹기
좋은 빈찬이에요. 오늘은 액젓의 감칠맛이 사르륵 배인
아삭아삭한 겉절이, 어떠신가요?

| 재료 |

알배추(中) 1통(800g)
쪽파 1/2줌
참기름 1큰술
통깨 1큰술

양념

고춧가루 5큰술
까나리액젓 2큰술
새우젓 1큰술
다진 마늘 1큰술
설탕 2큰술

1. 반으로 자른 알배추 밑동을 V자로 한 번 더 자른 뒤 한입 크기로 썬다. 쪽파는 손가락 두 마디 길이로 썬다.
2. 자른 알배추와 쪽파를 깨끗하게 씻고 채반에 받쳐 물기를 뺀다.
3. 볼에 자른 알배추, 고춧가루를 넣고 고루 섞는다.
4. 까나리액젓과 새우젓을 넣고 고루 섞은 뒤 다진 마늘을 넣고 다시 섞는다. 설탕을 넣고 살살 버무린다.
5. 쪽파, 참기름, 통깨를 한 번에 넣고 살살 버무린다.

tip 설탕 대신 매실액 2큰술을 넣어도 됩니다.

| 꼬막표고버섯솥밥 · 합대국 · 콩자반 |

꼬막표고버섯솥밥

찬바람이 분다는 건 꼬막 살이 통통하게 오른다는 뜻이기도 해요. 몸과 마음을 녹여 줄 뜨끈한 쌀밥에 제철 꼬막과 버섯을 슥슥 섞어 드셔 보세요.

2

4

4-1

4-2

| 재료 |

불린 쌀 2컵
꼬막 1봉지
청주 1/2컵
건 표고버섯 3개
들기름 1큰술, 약간
물 2컵
쫑쫑 썬 영양부추 약간

1. 꼬막을 바락바락 씻은 후 흐르는 물에 2~3번 헹군다.
2. 냄비에 꼬막과 청주, 물을 넣고 강불에서 끓인다. 이때 물은 꼬막이 잠길 만큼 가득 넣는다.
3. 물이 끓으면 한 방향으로 꼬막을 저으며 5분간 끓이다가 불을 끄고 5분간 그대로 둔 뒤 찬물에 헹군다.
4. 꼬막 뒷부분에 숟가락을 끼우고 돌려 껍데기를 분리한 뒤 살을 빼낸다.

5. 미지근한 물에 건 표고버섯을 10분간 담아 불린 후 손으로 물기를 꼭 짜고 얇게 썬다.
6. 달군 솥에 들기름 1큰술을 두른 뒤 표고버섯을 넣고 중불에서 1분간 볶는다.
7. 볶은 표고버섯에 불린 쌀과 물을 넣고 중불에서 끓인다.
8. 밥물이 끓으면 숟가락으로 밥을 휘저으며 물이 자작해질 때까지 끓인다.
9. 밥 위에 삶은 꼬막을 올린 뒤 뚜껑을 덮고 약불에서 10분간 더 끓인다.
10. 불을 끄고 10분간 뜸을 들인다.
11. 들기름을 약간 두른 뒤 쫑쫑 썬 영양부추를 올린다.

tip 깐 꼬막으로 요리를 한다면 1컵 분량을 준비하세요.
밥을 지을 때 물 대신 사골국물을 넣으면 별미를 느낄 수 있어요.

황태국

콩나물국과 쌍벽을 이루는 해장국이죠.
황태는 비린맛이 나지 않아서 생선을 싫어하는 분도
맛있게 드실 수 있어요.

| 재료 |

황태채 100g
멸치육수+고기육수 1.5L
참기름 1큰술
맑은 간장 1큰술
멸치액젓 1큰술
다진 마늘 1큰술
대파 1/2대
홍고추 1/2개

1. 황태채는 물에 살짝 씻은 뒤 손으로 물기를 꼭 짜고 먹기 좋은 크기로 자른다.
2. 달군 냄비에 참기름을 두른 뒤 황태채를 넣고 중불에서 1분간 볶는다.
3. 육수를 붓고 중불에서 20분간 끓인다.
4. 맑은 간장, 멸치액젓, 다진 마늘을 넣고 한소끔 끓인다.
5. 어슷썬 대파와 쫑쫑 썬 홍고추를 넣은 뒤 불을 끈다.

tip 육수는 멸치육수 또는 고기육수 하나만 써도 되고, 맹물로 끓여도 괜찮아요.
콩나물을 추가하고 싶다면 육수와 함께 넣고 냄비 뚜껑을 연 채 10분간 끓이세요.
두부를 추가하고 싶다면 깍둑썰기하여 육수와 함께 넣고 뚜껑을 닫고 10분간 끓이세요.
대파와 홍고추를 넣을 때 달걀을 풀어 넣어도 좋아요.

콩자반

콩자반은 냉장고에 쟁여 두고 먹는 저장 반찬이지요.
넘너노소 모두가 좋아하는 짭조름하고 달콤하게 졸여진
검은콩을 밥에 넣고 슥슥 비벼 먹어 보세요.

| 재료 |

검은콩 2컵
물 4컵
조각 다시마 5장
참기름 1큰술
통깨 약간

양념

간장 5큰술
물엿 2큰술
설탕 1큰술

1. 냄비에 깨끗하게 씻은 검은콩과 물을 넣고 1시간 정도 불린다.
2. 불린 검은콩과 콩물을 버리지 말고 그대로 냄비 뚜껑을 연 채 조각 다시마를 넣고 강불에서 끓인다.
3. 물이 끓으면 자작해질 때까지 중불에서 졸인다.
4. 양념을 넣고 약불에서 10여분간 졸인다.
5. 불을 끄고 참기름을 두른 뒤 통깨를 넣는다.

tip 검은콩 불린 물을 버리지 않고 끓여야 해요.
달달한 맛을 내고 싶다면 물엿을 1~2큰술 추가하세요.

PART 3.

특별한 날, 손님이 왔을 때 만들어 내면 좋은 솥밥 레시피를 알려드릴게요.
평소에는 잘 먹지 않았던 식재료부터
어떻게 다뤄야 할지 몰랐던 식재료까지 한 번에 배울 수 있답니다.
다른 곳에서 쉽게 볼 수 없는 재미있는 솥밥, 만들어 볼까요?

특별한 솥밥으로 만드는
한 상 차림
SOTBAB

| 무어솥밥 · 꽈리고추표고버섯조림 · 토마토장아찌 |

문어솥밥

문어솥밥을 만든다고 하면
문어 한 마리를 통으로 삶아서 만드는 걸 생각하잖아요.
그런데 요즘은 새벽 배송으로 국내산 문어 다리를 받아 볼 수 있어서
쉽고 빠르게 특색 있는 밥을 지을 수 있답니다.

1

2

| 재료 |

불린 쌀 2컵
자숙 문어 다리 2개
사골국물 2컵
맛간장 1큰술
청주 1큰술
쫑쫑 썬 영양부추 약간

1. 자숙 문어 다리를 먹기 좋게 썬다.
2. 솥에 불린 쌀, 사골국물, 맛간장, 청주를 넣고 중불에서 끓인다.
3. 밥물이 끓으면 숟가락으로 밥을 휘저으며 물이 자작해질 때까지 끓인다.
4. 뚜껑을 덮은 뒤 약불에서 10분간 더 끓인다.
5. 자숙 문어 다리를 밥 위에 올리고 뚜껑을 덮은 뒤 불을 끄고 10분간 뜸을 들인다.
6. 쫑쫑 썬 영양부추를 밥에 올린다.

tip 생문어를 쓴다면 냄비에 물, 녹차 티백 1개, 생문어를 넣고 10분간 끓인 뒤 문어를 건져 찬물이나 얼음물에 헹군 뒤 사용하세요.

| 문어솥밥 · 꽈리고추표고버섯조림 · 토마토장아찌 |

꽈리고추 표고버섯조림

꽈리고추와 표고버섯이 함께 졸여져
매콤하면서 쫄깃하게 씹히는 맛을 느낄 수 있는 고급 반찬이에요.
매운 것을 싫어한다면 맵지 않은 꽈리고추로
만들어 보세요.

1

4

| 재료 |

꽈리고추 10개
표고버섯 5개
홍고추 2개
참기름 1큰술
통깨 약간
물 1컵

양념

간장 2큰술
물엿 2큰술
맛술 2큰술
생강가루 1/2작은술

1. 표고버섯 기둥을 손으로 뗀 뒤 세로로 길게 찢는다. 표고버섯의 갓은 십자 모양(+)으로 4등분해서 썬다. 꽈리고추는 꼭지를 떼고 반으로 자른다. 홍고추는 3등분으로 썬다.
2. 찢은 표고버섯 기둥을 10분간 불린 뒤 냄비에 물을 넣고 5분간 끓인다.
3. 표고버섯 기둥을 끓인 물에 양념을 넣고 강불에서 5~10분간 끓인다.
4. 꽈리고추, 표고버섯 갓, 홍고추를 넣고 양념이 자작해질 때까지 중불에서 졸인다.
5. 꽈리고추가 살캉하게 익으면 불을 끈다.
6. 참기름을 두른 뒤 통깨를 뿌린다.

토마토장아찌

생소한 장아찌이지만
[illegible] 있고 [illegible] 밥이 [illegible] 반찬입니다.
웨지 감자 모양으로 잘라서 먹으면
보기도 좋고 먹기도 좋아요.

2

3

| 재료 |

푸른 토마토(小) 12개
장아찌 간장 5컵

1. 토마토 꼭지는 떼고 깨끗이 씻은 뒤 채반에 받쳐 물기를 뺀다.
2. 꼭지 반대쪽에 십자 모양(+)으로 칼집을 낸다. 약간 큰 것은 반으로 잘라도 된다.
3. 끓인 장아찌 간장을 바로 토마토에 붓는다.
4. 한 김 식힌 뒤 냉장고에 넣어 2~3일간 숙성시킨다.

tip 토마토는 푸른색을 띠는 덜 익은 것을 써야 무르지 않아요.

| 배명란솥밥 · 불고기 · 달래장아찌 |

백명란솥밥

뜸 들일 때 백명란을 넣으면
명란의 짭조름하고 고소한 맛이 쌀밥에 배어들어요.
다 된 밥은 그냥 먹어도 맛있지만 생김에 싸서 먹으면
그 맛이 훨씬 업그레이드된답니다.

| 재료 |

불린 쌀 2컵
백명란 1개(소)
사골국물 2컵
청주 1큰술
참기름 1/2큰술
쫑쫑 썬 쪽파 1큰술

1. 솥에 불린 쌀, 사골국물, 청주를 넣고 중불에서 끓인다.
2. 밥물이 끓으면 숟가락으로 밥을 휘저으며 물이 자작해질 때까지 끓인다.
3. 뚜껑을 덮은 뒤 약불에서 10분간 더 끓인다.
4. 불을 끄고 밥 위에 백명란을 통으로 올린 뒤 참기름을 두른다. 뚜껑을 덮은 뒤 10분간 뜸을 들인다.
5. 쫑쫑 썬 쪽파를 올린다.

tip 백명란은 너무 익으면 식감이 뻑뻑해져요. 그러니 불을 끄고 뜸을 들일 때 밥 위에 올려 익히세요.
쫑쫑 썬 쪽파 대신 쫑쫑 썬 대파를 올려도 됩니다.

불고기

짭짤한 불고기 반찬 어떠세요?
기호에 맞게 당면 사리도 넣어 보세요.
간장 양념이 잔뜩 밴 당면으로 후루룩 '면치기' 도전!

| 재료 |

소고기(불고기용) 200g
대파 1/3개
양파 1/4개
당근 1/4개
물 3~4큰술
식용유 2큰술
참기름 1큰술

양념

간장 2큰술
설탕 1큰술
맛술 1큰술
간 양파 1큰술
다진 마늘 1큰술
흑후추 약간

1. 소고기를 키친타월에 올려 놓고 살짝 눌러 핏물을 뺀다.
2. 깊은 볼에 소고기와 양념을 넣고 버무린 뒤 30분간 재운다.
3. 달군 웍에 식용유를 두른 뒤 소고기를 넣고 고기가 갈색이 될 때까지 강불에서 볶는다.
4. 채썬 양파와 당근, 물을 넣고 중불에서 5분 정도 졸인다.
5. 채소가 익으면 참기름을 두르고, 어슷썬 대파를 넣은 뒤 중불에서 살짝 볶는다.

| 백명란솥밥 · 불고기 · 달래장아찌 |

달래장아찌

한 번 맛을 보면 다시는 잊을 수 없는 장아찌예요.
어느 요리에나 다 잘 어울리지만
기름진 음식, 특히 부침개에 올려 먹으면 감칠맛이 배가된답니다.

1

3

4

| 재료 |

달래 300g
장아찌 간장 2컵

1. 달래 꼭지 끝부분에 묻은 흙을 손톱으로 털어 낸다.
2. 달래를 흐르는 물에 여러 번 깨끗하게 씻은 뒤 채반에 받쳐 물기를 뺀다.
3. 달래를 반으로 썰고 큰 대가리는 칼집을 낸다.
4. 식힌 장아찌 간장을 달래에 붓는다.
5. 냉장고에 넣어 1~2일간 숙성시킨다.

가지소고기솥밥

가지는 식이섬유가 풍부해 고기와 함께 먹으면 소화 흡수를 높여 줘요. 항산화 효과도 뛰어난 가지와 담백한 소고기로 맛있는 솥밥을 만들어 보세요.

| 재료 |

불린 쌀 2컵
다진 소고기 100g
가지(小) 3개
물 2컵
맛간장 2큰술
흑후추 1/2작은술
참기름 약간
쫑쫑 썬 쪽파 약간
소금 1큰술

밑간

간장 1큰술

1. 가지를 세로로 자른 뒤 반달썰기하고, 소금을 뿌려 10분간 절인 뒤 손으로 꾹 짜서 물기를 뺀다.
2. 다진 소고기에 밑간을 한 뒤 10분간 재운다.
3. 달군 팬에 다진 소고기를 넣고 중불에서 1분간 볶은 뒤 가지와 맛간장, 흑후추를 넣고 강불에서 한 번 더 볶는다.
4. 솥에 불린 쌀, 물을 넣고 중불에서 끓인다.
5. 밥물이 끓으면 숟가락으로 물을 휘저으며 물이 자작해질 때까지 끓인다.
6. 볶은 소고기와 가지를 밥 위에 올린 뒤 뚜껑을 덮고 약불에서 10분간 더 끓인다.
7. 불을 끄고 10분간 뜸을 들인다.
8. 참기름을 두른 뒤 쫑쫑 썬 쪽파를 올린다.

오징어무침

매콤, 새콤, 달콤한 맛을 한 번에 느낄 수 있는
맛있는 반찬이에요.
쫄깃한 오징어무침은 밥반찬으로도 훌륭하지만
맥주 안주로도 그만이랍니다.

1

3

| 재료 |

오징어 1마리
오이 1개
참기름 1큰술
통깨 1큰술
소금 1큰술

양념

고추장 2큰술
고춧가루 2큰술
식초 2큰술
백간장 1큰술
설탕 1큰술
다진 마늘 1큰술
물엿 1큰술

1. 오이는 세로로 자른 뒤 어슷썬다. 볼에 오이와 소금을 넣어 10분간 절인다.
2. 오징어의 몸통과 다리를 분리한 뒤 깨끗하게 씻고, 끓는 물에 살짝 데친다.
3. 오징어 몸통을 세로로 길게 자르고 1cm 두께로 채썬다. 다리도 자른다.
4. 절인 오이를 찬물에 헹군 뒤 손으로 물기를 꼭 짠다.
5. 큰 볼에 오징어와 오이, 양념을 넣고 버무린다.
6. 참기름을 두른 뒤 통깨를 뿌린다.

●●○

깻잎장아찌

따뜻한 밥 위에 깻잎장아찌를 얹어 먹거나 김밥처럼 밥을 넣고
돌돌 말아서 한입에 먹기 좋게 싼 뒤 도시락으로 애용해도 좋아요.
깻잎장아찌는 쉽게 만들고, 두고두고 오래 먹을 수 있는
저장 반찬이니 집에 한 통쯤은 꼭 쟁여 놓으세요.

3

4

| 재료 |

깻잎 100장
건 표고버섯 3개
장아찌 간장 2컵

1. 넓은 볼에 깻잎을 펼쳐 놓고 물에 담근 뒤 5분 동안 그대로 둔다.
2. 깻잎을 흐르는 물에 씻고, 물기를 털어 체반에 받쳐 물기를 뺀다.
3. 끓인 장아찌 간장을 바로 깻잎과 표고버섯에 부은 뒤 한 김 식힌다.
4. 깻잎이 뜨지 않게 접시를 얹어 놓고 뚜껑을 닫는다. 버섯은 접시로 누르지 않아도 된다.
5. 냉장고에 넣어 2~3일간 숙성시킨 뒤 접시를 뺀다.

tip 깻잎은 보통 마트에서 20~30장씩 소포장하여 판매하고 있으니 4~5봉 정도 구입해서 쓰세요.

●●○

도미솥밥

봄에 가장 맛있는 도미로 솥밥을 지어 볼게요.
도미는 큰 생선이라서 포를 뜬 상태로 팔기도 해요.
살이 단단해서 익혀도 살 흐트러지지 않아
요리 초보자도 쉽게 다룰 수 있답니다.

1 2

| 재료 |

불린 쌀 2컵
포 뜬 도미살 100g
사골국물 2컵
간장 1큰술
청주 1큰술
식용유 약간
그라인더 후추 1작은술
참기름 약간
쫑쫑 썬 쪽파 약간

1. 달군 팬에 식용유를 두른 뒤 도미 껍질이 바닥에 닿게 놓는다. 그라인더 후추를 뿌린 뒤 중불에서 1~2분간 굽는다.
2. 도미 옆면의 살이 1/2 이상 불투명하게 익으면 뒤집어 놓고 불을 끈다.
3. 솥에 불린 쌀, 사골국물, 간장, 청주를 넣고 중불에서 끓인다.
4. 밥물이 끓으면 숟가락으로 밥을 휘저으며 물이 자작해질 때까지 끓인다.
5. 도미 껍질이 위를 보게 하여 밥 위에 올린 뒤 뚜껑을 덮고 약불로 줄여 10분간 더 끓인다.
6. 불을 끄고 10분간 뜸을 들인다.
7. 밥에 참기름을 두른 뒤 쫑쫑 썬 쪽파를 올린다.

우엉조림

아삭아삭 씹는 맛이 좋은 조림 반찬이에요.
시금치와 우엉조림을 밥에 함께 넣고
김밥처럼 말아 먹어도 맛있어요.

1

5

| 재료 |

우엉 1대
식초 1큰술
식용유 1큰술
참기름 1큰술
통깨 약간

양념

간장 2큰술
물 2큰술
물엿 1큰술
설탕 1큰술
생강가루 1/2작은술

1. 필러로 우엉 껍질을 벗긴 후 얇고 길게 썬다.
2. 냄비에 물, 식초를 넣고 물이 끓으면 우엉을 넣고 2~3분 데친다.
3. 우엉을 건져 찬물에 헹군 뒤 체반에 밭쳐 물기를 뺀다.
4. 달군 웍에 식용유를 두르고 우엉과 양념을 넣고 섞는다.
5. 양념이 자작해질 때까지 중불에서 졸인다.
6. 양념이 자작해지면 불을 끄고 참기름을 두른 뒤 통깨를 뿌린다.

tip 우엉을 칼로 짧게 자르거나 채칼로 썰어도 됩니다.

●●○

고추장아찌

입맛이 없어도 고추장아찌만 있으면
밥 한 그릇 뚝딱 비울 수 있지요. 밥뿐인가요?
전이나 부침개에 찍어 먹는 양념장으로도 제격입니다.
잘게 다진 고추장아찌를 장아찌 간장과 섞어 만들어 보세요.

| 재료 |

고추 20개
장아찌 간장 4컵

1. 고추 꼭지를 떼지 않은 상태에서 고추를 깨끗이 씻는다.
2. 고추 꼭지와 고추 끝을 약간 자르고 채반에 받쳐 물기를 뺀다.
3. 끓인 장아찌 간장을 바로 고추에 붓는다.
4. 한 김 식힌 뒤 냉장고에 넣어 2~3일간 숙성시킨다.

목살김치밥

아는 맛이 무서운 법이죠.
돼지고기와 김치의 조합은 말해 뭐하나요.
제육이나 김치볶음밥과는 다른 김치밥의 진한 맛입니다.

| 재료 |

불린 쌀 2컵
목살 100g
묵은지 3줄기
들기름 1큰술
고춧가루 1큰술
물 2컵
통깨 약간
조미김 3장

밀간

청주 1작은술
간장 1작은술
생강가루 1/2작은술
흑후추 약간

1. 숭덩숭덩 썬 목살에 밑간을 한 뒤 5분간 재운다.
2. 묵은지는 손으로 김치 국물을 꼭 짜낸 뒤 쫑쫑 썬다.
3. 달군 솥에 들기름을 두른 뒤 목살을 넣고 중불에서 고기가 불투명해질때까지 볶는다.
4. 묵은지, 고춧가루를 넣고 중불에서 1분간 볶는다.
5. 불린 쌀과 물을 넣고 골고루 섞은 뒤 중불에서 끓인다.
6. 밥물이 끓으면 숟가락으로 밥을 휘저으며 물이 자작해질 때까지 끓인다.
7. 뚜껑을 덮은 뒤 약불에서 10분간 더 끓인다.
8. 불을 끄고 10분간 뜸을 들인다.
9. 통깨를 뿌린 뒤 조미김을 부셔서 밥에 올린다.

tip 생강가루 대신 생강즙을 넣어도 됩니다.

호두멸치볶음

고소하고 달콤한 고급 반찬이지요.
호두 대신 아몬드나 해바라기씨를 넣어도 좋고,
견과류가 싫으면 멸치만 넣어 만들어도 좋아요.

| 재료 |

잔멸치 100g
호두 50g
물엿 2큰술
참기름 1큰술
통깨 약간

양념

간장 1/2큰술
맛술 1큰술

1. 호두를 먹기 좋게 쪼갠 뒤 끓는 물에 넣고 살짝 데친다.
2. 마른 팬에 데친 호두를 넣고 중불에서 살짝 볶아 수분을 날린다.
3. 잔멸치는 체반에 놓고 털어 이물질은 거른 뒤 마른 팬에 넣고 중불에서 1분간 볶는다.
4. 팬에 호두, 멸치, 양념을 넣고 중불에서 살짝 볶은 후 불을 끈다.
5. 물엿, 참기름을 넣어 뒤적인 뒤 통깨를 뿌린다.

tip 볶음 요리에서 물엿은 불을 끄고 넣어야 딱딱해지지 않아요.
조림에서 물엿은 처음이나 중간, 아무 때나 넣어도 괜찮아요.

풋마늘장아찌

풋마늘은 덜 여문 마늘의 어린 잎줄기입니다.
초봄에 재배되는 풋마늘로 사계절 동안
두고두고 먹을 수 있는 맛있는 장아찌를 만들어 보세요.
쪽파장아찌와는 다른 식감과 맛을 느낄 수 있을 거예요.

2

3

| 재료 |

풋마늘 3컵 분량
장아찌 간장 4컵

1. 풋마늘의 초록색 잎은 떼어 낸다.
2. 풋마늘은 손가락 두 마디 길이로 잘라 3컵 분량을 준비한다.
3. 끓인 장아찌 간장을 바로 풋마늘에 붓는다.
4. 한 김 식힌 뒤 냉장고에 넣어 2~3일간 숙성시킨다.

tip 떼어 낸 초록잎은 잘 씻어 물기를 뺀 후 냉동실에 보관해 놓고, 육수를 낼 때 대파 대신 한 줌씩 넣으세요.

삼계솥밥

보양식으로 삼계탕 대신 삼계솥밥은 어떠세요?
대추, 삼을 골고루 넣고 푹 끓인 밥 한 그릇이면
떨어진 기력도 쑥쑥 올릴 수 있습니다.

| 재료 |

불린 멥쌀 1컵
불린 찹쌀 1컵
닭고기살 300g
대추 2~3알
수삼 1뿌리
물 2컵
백간장 1큰술
청주 2큰술
영양부추 약간

1. 솥에 불린 멥쌀과 불린 찹쌀, 물, 백간장을 넣고 섞은 뒤 닭고기살을 올리고 청주를 뿌린다.
2. 편으로 썬 수삼과 깨끗이 씻은 대추를 올리고 뚜껑을 닫은 채 중불에서 김이 날 때까지 끓인다.
3. 밥물이 끓으면 숟가락으로 밥을 뒤섞으며 물이 자작해질 때까지 끓인다.
4. 뚜껑을 덮은 뒤 약불로 줄여 10분간 더 끓인다.
5. 불을 끄고 10분간 뜸을 들인다.
6. 편으로 썬 수삼과 대추를 빼고 먹기 좋게 썬 영양부추를 올린다.

tip 닭고기는 안심, 가슴살, 다리 살 중 원하는 부위로 쓰면 됩니다.

어묵볶음

쫄깃쫄깃 매콤한 반찬인 어묵볶음이에요.
반찬으로도 좋지만 진미채나 우엉조림과 함께
김밥 속 재료로 써도 좋답니다.
특별하지 않지만 맛있는 걸 먹고 싶을 땐
어묵볶음을 꼭 만들어 보세요.

1

2

| 재료 |

얇은 어묵(환공어묵) 7~8장
식용유 2큰술
고춧가루 1큰술
간장 1큰술
다진 마늘 1큰술
대파 1/3대
물엿 2큰술
참기름 약간
통깨 약간

1. 얇은 어묵을 세로로 길게 자른 후 6등분으로 썬다.
2. 달군 웍에 식용유를 두른 뒤 어묵과 고춧가루를 넣고 중불에서 1분간 볶는다.
3. 간장, 다진 마늘, 쫑쫑 썬 대파를 넣고 중불에서 1분간 볶는다.
4. 불을 끄고 물엿을 넣어 뒤적인다.
5. 참기름을 두른 뒤 통깨를 뿌린다.

tip 어묵볶음에 쓰는 어묵은 최대한 얇은 어묵을 구입해서 쓰세요.
김밥 속 재료로 쓴다면 길게 채썬 뒤 볶아도 좋아요.

| 삼계솔밥 · 어묵볶음 · 오이무침 |

오이무침

휘리릭 무쳐서 바로 먹는 간단한 오이무침.
오이 하나만 있으면
그날 반찬은 이것만으로 충분하지 않을까요?

| 재료 |

오이 2개
굵은 소금 약간

양념

설탕 1큰술
고춧가루 2큰술
통깨 1큰술
다진 마늘 1큰술
참기름 1큰술
백간장 1큰술

1. 굵은 소금으로 오이를 박박 문질러 닦는다.
2. 오이의 양 끝을 잘라낸 후 0.5cm 두께로 썬다.
3. 볼에 오이와 양념을 넣고 골고루 버무린다.

tip 오이는 오래 두면 물이 생기기 때문에 무쳐서 바로 먹는 게 좋아요.

| 스테이크솥밥 · 콜라비생채 · 양파장아찌 |

스테이크솥밥

갓 지은 밥 위에 풍미 가득한 스테이크를 얹어 드셔 보세요.
'고기는 진리다.'
스테이크솥밥에 딱 알맞은 표현인 것 같아요.
한 번 맛보면 절대 잊을 수 없는 맛을 소개할게요.

1

2

| 재료 |

불린 쌀 2컵
스테이크용 소고기(냉장) 200g
물 2컵
식물성 오일 1큰술
버터 10g
다진 마늘 1큰술
맛간장 1큰술
쫑쫑 썬 쪽파 약간

1. 달군 팬에 식물성 오일을 두른 뒤 강불에서 소고기를 앞뒤 좌우 각각 1분씩 굽는다.
2. 스테이크를 채반에 올려 호일로 감싼 뒤 5분간 그대로 둔다. 고기가 식으면 비스듬히 얄팍하게 썬다.
3. 달군 솥에 버터, 다진 마늘을 넣고 살짝 볶다가 불린 쌀, 물, 맛간장을 넣고 1분간 더 볶은 뒤 중불에서 끓인다.
4. 밥물이 끓으면 숟가락으로 밥을 휘저으며 물이 자작해질 때까지 끓인다.
5. 뚜껑을 덮은 뒤 약불에서 10분간 더 끓인다.
6. 불을 끄고 스테이크를 밥 위에 올린 뒤 뚜껑을 덮고 10분간 뜸을 들인다.
7. 쫑쫑 썬 쪽파를 올린다.

콜라비생채

콜라비는 소화를 돕기 때문에
고기에 곁들여 먹기 좋은 반찬이랍니다.

1

2

| 재료 |

콜라비 1개
참기름 약간
통깨 약간
송송 썬 쪽파 약간

양념

고춧가루 1큰술
액젓 1큰술
설탕 1작은술
다진 마늘 1작은술

1. 칼로 콜라비 껍질을 벗긴다.
2. 콜라비를 잘게 채썬다.
3. 볼에 채썬 콜라비와 고춧가루를 넣고 버무린다.
4. 나머지 양념을 넣고 한 번 더 버무린다.
5. 참기름을 두른 뒤 쪽파를 올리고 통깨를 뿌린다.

tip 설탕 대신 매실액 1큰술을 넣어도 됩니다.
간이 싱거우면 액젓을 약간 더 넣으세요.

양파장아찌

고기, 회, 생선구이, 어느 음식과도
잘 어울리는 아삭한 양파장아찌예요.
새콤하면서 짭조름한 맛이 없던 입맛도 돌게 할 거예요.

| 재료 |

작은 양파(장아찌용) 10개
장아찌 간장 2컵

1. 양파 껍질을 벗겨 깨끗이 씻은 뒤 채반에 받쳐 물기를 뺀다.
2. 작은 양파는 통으로 담근다. 장아찌를 보관할 용기가 작다면 양파를 2~4등분으로 썬다.
3. 끓인 장아찌 간장을 바로 양파에 붓는다.
4. 한 김 식힌 뒤 냉장고에 넣어 2~3일간 숙성시킨다.

tip 작은 양파가 없으면 큰 양파를 6~7개 정도 준비하세요.
양파를 먹기 좋은 크기로 작게 잘라 장아찌를 담그면 양파 색도 검어지고 결이 흩어져 먹기 불편할 수 있어요. 되도록 양파를 통으로 절이고, 절인 양파는 먹기 전에 작게 잘라 드세요.

연어솥밥

생선으로 밥을 지으면 비린내가 날 수 있어요.
이럴 때 사골국물, 고기육수를 넣으면
비린내를 잡아 주고 구수한 밥맛을 살려 준답니다.

2

5

| 재료 |

불린 쌀 2컵
연어 200g
사골국물 2컵
조각 다시마 2장
미림 1큰술
간장 1큰술
식용유 약간
양파 1/4개
쫑쫑 썬 쪽파 약간

밑간

물 1/3컵(50ml)
미림 1/3컵(50ml)
간장 1/3컵(50ml)
조각 다시마 2장

1. 연어에 밑간을 한 뒤 1시간 정도 숙성시킨다.
2. 달군 팬에 식용유를 두른 뒤 숙성된 연어를 넣고 중불에서 앞뒤로 살짝 굽는다.
3. 솥에 불린 쌀, 사골국물, 조각 다시마, 미림, 간장을 넣은 뒤 중불에서 끓인다.
4. 밥물이 끓으면 다시마를 빼고 숟가락으로 밥을 휘저으며 물이 자작해질 때까지 끓인다.
5. 밥 위에 연어를 올린 뒤 뚜껑을 덮고 약불에서 10분간 익힌다.
6. 불을 끄고 10분간 뜸을 들인다.
7. 채썬 양파와 쫑쫑 썬 쪽파를 올린다.

tip 연어를 바싹 구우면 살이 뻑뻑해져 식감이 좋지 않아요.

꼬들단무지무침

꼬득꼬득한 단무지는 그냥 먹어도 맛있지만
양념에 버무리면 더 맛있게 먹을 수 있어요.
반찬 만들기 싫은 날, 꼬들단무지 한 통 사서
나를 위한 반찬을 만들어 보세요.
조리 과정은 매우 간단하지만
들인 힘에 비하면 꽤 맛있는 반찬이 된답니다.

2

| 재료 |

꼬들단무지 1팩(200g)
쫑쫑 썬 쪽파 1큰술
통깨 약간

양념

고춧가루 1큰술
다진 마늘 1작은술
참기름 1큰술

1. 꼬들단무지를 손으로 꽉 짜서 남아 있는 물기를 뺀다.
2. 볼에 꼬들단무지와 양념을 넣고 조물조물 무친다.
3. 쫑쫑 썬 쪽파를 올린 뒤 통깨를 뿌린다.

| 차돌박이솥밥 · 숙주나물 · 쪽파장아찌 |

차돌박이솥밥

쪽파장아찌나 깻잎장아찌 등의 장아찌류를 넣고
김밥처럼 돌돌 말아 먹으면 별미인 솥밥이랍니다.
요즘 차돌박이에 숙주를 말아서 안주 삼아 드시기도 하는데,
여러 가지 재료를 넣어 색다르게 만들어 보세요.

| 재료 |

불린 쌀 2컵
차돌박이 200g
다진 양파 1큰술
간장 1큰술
청주 1큰술
그라인더 후추 1작은술
물 2컵
참기름 1큰술
쫑쫑 썬 쪽파 1큰술

1. 달군 솥에 참기름을 두른 뒤 다진 양파를 넣고, 양파가 투명해질 때까지 중불에서 볶는다.
2. 먹기 좋게 자른 차돌박이를 넣고 함께 볶다가 차돌박이가 익으면 간장, 청주, 그라인더 후추를 넣고 중불에서 살짝 더 볶는다.
3. 불린 쌀을 넣고 살짝 볶은 뒤 물을 넣고 중불에서 끓인다.
4. 밥물이 끓으면 숟가락으로 밥을 휘저으며 물이 자작해질 때까지 끓인다.
5. 뚜껑을 덮은 뒤 약불에서 10분간 더 끓인다.
6. 불을 끄고 10분간 뜸을 들인다.
7. 밥에 참기름을 두른 뒤 쫑쫑 썬 쪽파를 올린다.

tip 쫑쫑 썬 쪽파 대신 쫑쫑 썬 대파 1큰술을 넣어도 됩니다.

숙주나물

[illegible] 시간으로 치자면 제일이 숙주나물,
콩나물 대신 비빔밥에 넣어 먹어도 좋고,
차돌솥밥에 넣어 비벼 먹어도 참 맛있어요.

2

4

| 재료 |

숙주 1봉
소금 1큰술
참기름 1큰술
다진 쪽파 1큰술
통깨 약간

양념

액젓 1큰술
다진 마늘 1작은술

1. 깨끗이 씻은 숙주를 채반에 받쳐 물기를 뺀다.
2. 냄비에 물을 넣은 뒤 끓기 시작하면 숙주와 소금을 넣고 1분간 데친 후 찬물에 빨리 헹군다.
3. 볼에 데친 숙주와 양념을 넣고 젓가락으로 살살 섞는다.
4. 참기름을 두른 뒤 통깨를 뿌리고 쪽파를 올린다.

tip 액젓 대신 백간장 1큰술을 넣어도 됩니다.

쪽파장아찌

먹다 남은 차돌솥밥이나 전복솥밥이 있다면
쪽파장아찌 한두 가닥을 올려
김밥처럼 말아 먹어 보세요.
간단하지만 특색 있는 요리가 된답니다.

2

3

| 재료 |

깐 쪽파 1단
장아찌 간장 4컵

1 깐 쪽파의 뿌리 끝부분을 깨끗하게 씻은 뒤 물기를 뺀다.

2. 쪽파를 2등분으로 썬 뒤 끝부분을 약간 자른다.

3. 끓인 장아찌 간장을 바로 쪽파에 붓는다.

4. 한 김 식힌 뒤 냉장고에 넣어 2~3일간 숙성시킨다.

STAUB
STAUB

갈치솥밥

구워 먹어도 맛있는 갈치를 솥밥으로 만들어 볼게요.
갈치 비늘은 비린내를 유발할 수 있어
깨끗하게 긁어 낸 후 사용하고 [illegible] 찬물로 하세요.

| 재료 |

불린 쌀 2컵
갈치 1토막
사골국물 2컵
맛간장 1큰술
청주 1큰술
생강채 약간
쫑쫑 썬 쪽파 약간
식용유 약간

1. 칼로 갈치 비늘을 살살 긁어 벗겨 낸 뒤 한쪽 면에 가늘게 칼집을 낸다.
2. 달군 팬에 식용유를 두른 뒤 갈치를 칼집 낸 부분이 바닥을 향하도록 놓고 중불에서 1~2분간 익힌 다음, 반대쪽으로 뒤집어 놓고 불을 끈다.
3. 솥에 불린 쌀, 사골국물, 맛간장, 청주를 넣고 중불에서 끓인다.
4. 밥물이 끓으면 숟가락으로 밥을 휘저으며 물이 자작해질 때까지 끓인다.
5. 밥 위에 칼집 난 부분이 위를 보게끔 구운 갈치를 올리고, 뚜껑을 덮은 뒤 약불에서 10분간 더 익힌다.
6. 불을 끄고 10분간 뜸을 들인 후 생강채와 쪽파를 올린다.

tip 칼집을 내는 것은 예쁘게 익히기 위한 것이니 생략해도 됩니다.
생강채는 찬물에 헹군 뒤 물기를 제거하고 사용하세요.

꽈리고추찜무침

제가 어렸을 때 할머니께서 해 주셨던 추억의 반찬이에요.
입맛 없을 때 찬물에 밥 말아서 한입 두입 먹다 보면
어느새 밥 한 공기가 끝나 있었어요.
그래서인지 이 반찬을 먹을 때면 추억을 먹는 기분이 들어요.

2

3

| 재료 |

꽈리고추 1봉(150~200g)
밀가루 2큰술
통깨 약간

양념

고춧가루 1큰술
간장 1큰술
물 1큰술
참기름 1큰술
물엿 1큰술
액젓 1/2큰술
쫑쫑 썬 쪽파 1큰술
다진 마늘 1/2큰술
홍고추 2개

1. 꽈리고추의 꼭지를 돌려 딴 뒤 깨끗하게 씻고 채반에 받쳐 물기를 뺀다.
2. 비닐봉지에 밀가루와 꽈리고추를 넣은 뒤 잘 흔들어 섞는다.
3. 찜기에 면보를 깔고 밀가루 묻힌 꽈리고추를 올린다.
4. 면보를 덮고 뚜껑을 닫은 뒤 강불에서 5~10분간 김이 오를 때까지 찐다.
5. 찐 꽈리고추를 넓은 쟁반에 겹치지 않게 펼쳐 식힌 뒤 볼에 담는다.
6. 홍고추는 씨를 빼고 다진 뒤 나머지 양념과 살살 섞는다.
7. 찐 꽈리고추에 양념을 넣고 섞은 뒤 통깨를 뿌린다.

tip 꽈리고추에 물기가 있어야 밀가루가 잘 묻어요.

솥밥

국·찌개

반찬

장아찌

더 솥밥

초판 1쇄 발행 2022년 01월 03일
초판 3쇄 발행 2022년 12월 12일

지은이 이민주

대표 장선희 **총괄** 이영철
책임편집 정시아 **기획편집** 현미나, 이소정, 한이슬
마케팅 최의범, 임지윤, 강주영, 김현진, 이동희 **경영관리** 김유미
디자인 김효숙, 최아영 **외주 디자인** 프롬디자인(@fromdesign_studio)
사진 810 스튜디오 박동민, 임단비, 윤승혁
푸드스타일링 형님(S.T. 형님) **어시스턴트** 임수영, 유채빈

펴낸곳 서사원 **출판등록** 제2018-000296호
주소 서울시 영등포구 당산로54길 11, 상가 301호
전화 02-898-8778 **팩스** 02-6008-1673
이메일 cr@seosawon.com
블로그 blog.naver.com/seosawon
페이스북 www.facebook.com/seosawon
인스타그램 www.instagram.com/seosawon

ISBN 979-11-6822-028-7 13590